本教材获"国际经济与贸易特色学科专业群项目"（项目编号：670390120）资助。

经济管理虚拟仿真实验系列教材

国际贸易虚拟仿真真实验指导教程

Guidance for International Trade Virtual Simulation Practice

主　编　王美英

西南财经大学出版社
Southwestern University of Finance & Economics Press

总 序

　　高等教育的任务是培养具有实践能力和创新创业精神的高素质人才。实践出真知。实践是检验真理的唯一标准。大学生的知识、能力、素养不仅来源于书本理论与老师的言传身教，更来源于实践感悟与经历体验。

　　我国高等教育从精英教育向大众化教育转变，客观上要求高校更加重视培育学生的实践能力和创新创业精神。以往，各高校主要通过让学生到企事业单位和政府机关实习的方式来训练学生的实践能力。但随着高校不断扩招，传统的实践教学模式受到学生人数多、岗位少、成本高等多重因素的影响，越来越无法满足实践教学的需要，学生的实践能力的培育越来越得不到保障。鉴于此，各高校开始探索通过实验教学和校内实训的方式来缓解上述矛盾，而实验教学也逐步成为人才培养中不可替代的途径和手段。目前，大多数高校已经认识到实验教学的重要性，认为理论教学和实验教学是培养学生能力和素质的两种同等重要的手段，二者相辅相成、相得益彰。

　　相对于理工类实验教学而言，经济管理类实验教学起步较晚，发展相对滞后。在实验课程体系、教学内容、实验项目、教学方法、教学手段、实验教材等诸多方面，经济管理实验教学都尚在探索之中。要充分发挥实验教学在经济管理类专业人才培养中的作用，需要进一步深化实验教学的改革、创新、研究与实践。

　　重庆工商大学作为具有鲜明财经特色的高水平多科性大学，高度重视并积极探索经济管理实验教学建设与改革的路径。学校经济管理实验教学中心于 2006 年被评为"重庆市市级实验教学示范中心"，2007 年被确定为"国家级实验教学示范中心建设单位"，2012 年 11 月顺利通过验收成为"国家级实验教学示范中心"。经过多年的努力，我校经济管理实验教学改革取得了一系列成果，按照能力导向构建了包括学科基础实验课程、专业基础实验课程、专业综合实验课程、学科综合实验（实训）课程和创新创业类课程五大层次的实验课程体系，真正体现了"实验教学与理论教学并重、实验教学相对独立"的实验教学理念，并且建立了形式多样，以过程为重心、以学生为中心、以能力为本位的实验教学方法体系和考核评价体系。

　　2013 年以来，学校积极落实教育部及重庆市教委建设国家级虚拟仿真实验教学中心的相关文件精神，按照"虚实结合、相互补充、能实不虚"的原则，坚持以能力为导向的人才培养方案制定思路，以"培养学生分析力、创造力和领导力等创新创业能力"为目标，以"推动信息化条件下自主学习、探究学习、协作学习、创新学习、创业学习等实验教学方法改革"为方向，创造性地构建了"'123456'经济管理虚拟仿真实验教学资源体系"，即："一个目标"（培养具有分析力、创造力和领导力，适应经济社会发展需要的经济管理实践与创新创业人才）、"两个课堂"（实体实验课堂和虚拟仿真实验课堂）、"三种类型"（基础型、综合型、创新创业型实验项目）、"四大载体"（学科专业开放实验平台、跨学科综合实训及竞赛平台、创业实战综合经营平台和实验教学研发平台）、"五类资源"（课程、项目、软件、案例、数据）、"六个结合"（虚拟资源与实体资源结合、资源与平台结合、专业资源与创业资源结合、实验教学与科学研究结合、模拟与实战结合、自主研发与合作共建结合）。

为进一步加强实验教学建设，在原有基础上继续展示我校实验教学改革成果，学校经济管理虚拟仿真实验教学指导委员会统筹部署和安排，计划推进"经济管理虚拟仿真实验教学教材系列丛书"的撰写和出版工作。本系列教材将在继续体现系统性、综合性、实用性等特点的基础上，积极展示虚拟仿真实验教学的新探索，其所包含的实验项目设计将综合采用虚拟现实、软件模拟、流程仿真、角色扮演、O2O操练等多种手段，为培养具有分析力、创造力和领导力，适应经济社会发展需要的经济管理实践与创新创业人才提供更加"接地气"的丰富资源和"生于斯、长于斯"的充足养料。

本系列教材的编写团队具有丰富的实验教学经验和专业实践经历，一些作者还是来自相关行业和企业的实务专家。他们勤勉耕耘的治学精神和扎实深厚的执业功底必将为读者带来智慧的火花和思想的启迪。希望读者能够从中受益。在此对编者付出的辛勤劳动表示衷心感谢。

毋庸讳言，编写经济管理类虚拟仿真实验教材是一项具有挑战性的开拓与尝试，加之虚拟仿真实验教学和实践本身还在不断地丰富与发展，因此，本系列实验教材必然存在一些不足甚至错误，恳请同行和读者批评指正。我们希望本系列教材能够推动我国经济管理虚拟仿真实验教学的创新发展，能对培养实践能力和创新创业精神的高素质人才尽绵薄之力！

重庆工商大学校长、教授

孙芳城

2015 年 7 月 30 日

前　言

　　自 1998 年教育部对高等学校本科专业目录进行调整开始，到目前全国相当一批高校都建立了国际贸易专业，主要包括综合类院校、财经类院校、理工类院校、师范类院校以及农、林等其他院校。一些院校的英语专业中也开设了国际贸易及国际商务方向。尽管每个学校的培养目标有一定差别，但理论教学和实验教学部分的核心内容却基本相同。因此，在就业压力不断增加、学生一毕业即面临着激烈的市场竞争的情况下，我校国际贸易专业人才的培养就不能继续沿袭教育部规定的一套内容和模式，而应建立起理论教学与实践教学相互交融的知识、能力、素质三位一体的专业能力培养体系，在教学安排上，积极探索构建一个与理论教学相平行的实践教学体系和模式，促进学生涉外专业技能和各项综合技能的培养。

　　国际贸易专业实验教学的目的，概括起来有三点：①运用国际贸易专业实验的方法，配合专业课程的课堂教学，验证并巩固课堂讲授的定理、概念和方法，让学生学好国际贸易专业课程的知识体系与结构；②学习基本的实验技术，让学生在运用实验方法探求未知的过程中，培养自己的思维观察能力，掌握从事科学研究或处理工程问题的能力，即运用理论，通过技术解决问题的能力；③养成运用实验方法解决问题的习惯，在不断解决经济与管理实践问题的过程中，培养学生的创新能力、实践能力和创业精神，为日后走上工作岗位奠定良好的基础和能力。

　　本教材正是在上述目标的指导下，由多年担任国际贸易模拟及国贸实务实训等课程的教学工作、具有深厚的专业教学经验的教师进行编写。作者针对目前我校国际贸易模拟等实验课程指导教材缺乏的现状，从实际教学需要出发，注重学生的实际需求，并总结多年研究学生在实验过程中的困惑及疑问编写而成，有较强的应用效果。

　　该教材包括单证填写、流程模拟及实验报告四个板块，共 16 个实验项目，对国际贸易实务的相关实验依托现有教学软件进行详细讲解和指导。

　　本教材由王美英负责全书各章节的结构、内容的策划和统稿工作。参加编写的人员主要是王美英、蒋兴红，并得到戴佩华、胡伟辉老师的鼎力支持。本书由重庆工商大学经济学院张宝均教授主审。

本书参阅了一些文献资料，部分资料来自于网络，难以找到原始出处，可能在参考文献中有所遗漏，在此向相关作者表示深深的歉意和感谢！此外，由于是第一次探索编著系统化的国际贸易实训教材，难免存在许多疏漏和不当之处，在此恳请广大读者批评指正！

编　者
2014 年 12 月

目 录

第一部分　单证练习实验项目

实验项目一　交易磋商及合同订立

1.1　实验目的

了解 Training 软件的基本功能，熟悉交易磋商的四个环节，可以撰写并发送简单的磋商函电，并能够独立完成进出口合同的缮制。

1.2　实验使用的仪器设备（软件）

南京世格外贸练习系统（Training）。

1.3　实验要求

1. 回顾相关理论，熟悉进出口业务合同订立的一般程序，明确询盘、发盘、还盘、接受等环节的相关国际惯例，并掌握外销合同的基本内容。
2. 通过案例题目的动手操作，进行合同磋商并据此缮制出口合同。
3. 完成实验报告，记录重点步骤及实验心得。

1.4　实验理论基础

进出口贸易业务的实际操作有很多环节，各个环节之间通常有一定的顺序。一般来说，不论出口或进口，整个贸易过程均可分为三个阶段：交易前的准备、商定合同和履行合同。交易双方需要在充分准备的基础上，经过洽商、订立合同，以确定双方的权利和义务，然后按合同约定履行各自的义务。

1.4.1　交易磋商的一般程序

买卖双方订立合同一般都要进行讨价还价，订立合同的过程也就是交易磋商的过程。交易磋商是指买卖双方就某项商品的交易条件进行协商以求得一致意见，达成交易的整个过程。交易磋商在形式上可分口头和书面两种。口头磋商主要是指面对面的谈判形式以及双方通过电话进行的交易磋商。书面磋商是指通过信件和数据电文（包括电报、电传、传真、EDI、电子邮件）等方式进行磋商交易。通过口头洽谈和书面磋商，双方就交易条件达成一致后，即可制作正式的书面合同。

交易磋商的内容涉及拟签订的买卖合同的各项条款，包括品名、品质、数量、包装、价格、装运、保险、支付以及商检、索赔、仲裁和不可抗力因素，等等。在实际业务中，商检、索赔、仲裁、不可抗力因素等条款通常作为一般交易条件成为格式合同的一部分，只要对方没有异议，就不必逐条重新协商、列出。

交易磋商的程序可概括为四个环节：询盘、发盘、还盘和接受。其中，发盘和接受是每笔交易必不可少的两个环节。

1. 询盘

（1）询盘的含义

询盘（Inquiry）在国际贸易实务中也被称作询价，而在国际商务法律中又被称作要约邀请。它是指交易的一方欲购买或出售某种商品，向另一方探询该商品的价格等交易条件的业务行为。询盘对于询盘人和被询盘人均无法律上的约束力，而且不是交易磋商的必经步骤，但是它往往是一笔交易的起点。所以作为被询盘的一方，应对接到的询盘予以重视，并做及时和适当的处理。

询盘可由买方发出，称为邀请发盘（Invitation to Make an Offer），也可由卖方发出，称为邀请递盘（Invitation to Make a Bid）

（2）询盘应该注意的问题

①询盘虽然可同时向一个或几个交易对象发出，但不应在某一时期集中对外询盘，以防止暴露我方购买或出售心切。

②买方发出询盘后，没有必须购买货物的义务；卖方发出询盘后，也没有必定出售货物的责任，即询盘对双方均无法律上的约束力，而且也不是每笔交易的必经步骤，但是在贸易习惯上，应该避免出现只询盘不购买或不出售货物的现象，否则容易失掉信誉。

③被询盘人可以及时发盘，也可以拖延一段时间发盘，还可拒绝回答询盘，不过在贸易习惯上，应该及时回复，以表示对对方的尊重。

④询盘虽然对双方无法律上的约束力，而且也不是每笔交易的必经步骤，但是，双方往往在询盘的基础上经过多次磋商，最后达成交易。如履约时双方发生争议，那么原询盘的内容也成为磋商成交文件的不可分割的部分，同样作为处理争议的依据。

（3）询盘函写作要点

询盘函的内容可以是只询问价格，也可询问其他一项或几项交易条件，而多数是询问价格且主要是询问价格，所以询盘也称询价。书写询盘信函应注意以下问题：

①说明客户来源

了解客户资料可以有很多渠道，如通过驻外使馆商务参赞处、商会、商务办事处、银行、其他公司等，或在企业名录、各种媒体广告和互联网上寻找，或在交易会和展览会上结识等。说明资料来源可以有多种方式，如：

例 1. We have heard from China Council for the Promotion of International Trade that you are in the market for Electric Appliances.

例 2. We have obtained your name and address from the Internet.

例 3. Your name and address has been given to us by Smith Co. in Hongkong, who have informed us that you are one of the leading importers of Light Industrial Products in your country.

②介绍本公司，说明去函目的

注意对本公司的介绍应简洁明了，概括说明公司的性质、业务范围、经营作风等，也可附上产品目录或价目表，同时表明希望与对方建立业务关系的目的。例如：

例1. We are one of the leading exporters of electric goods in this city and shall be pleased to establish business relations with your corporation.

例2. As Chinese Cotton Piece Goods falls within the scope of our business activities, we shall be pleased to enter into direct business relations with you at an early date.

（3）激励性结尾

结尾时，一般应写上希望对方回复信函或劝说对方立即采取行动的语句。例如：

例1. We look forward to receiving your reply soon.

例2. We trust that you will send us your reply by return.

2. 发盘

（1）发盘的含义

发盘（Offer）又称报盘、报价，发盘既是商业行为，又是法律行为，在合同法中称为要约。它是指交易的一方向另一方提出购买或出售某种商品的各项交易条件，并愿意按照这些条件达成交易，是签订合同的一种表示。发盘可以是应对方询盘的要求提出，也可以是在没有询盘的情况下，直接向对方提出。发盘多由卖方提出，习惯上称为卖方发盘（Selling Offer），也可由买方提出，习惯上称为买方发盘（Buying Offer）或递盘（Bid）。

（2）发盘的要件

根据《联合国国际货物销售合同公约》（简称《公约》）的解释，构成一项发盘应具备以下四个条件：

①向一个或一个以上的特定人发出。比如：出口商为招揽用货单位而向一些国外客户寄发的商品目录、报价单、价目表或刊登的商品广告等，都不是报盘。

②表明发盘人的订约意图和受其约束。这是指发盘人向受盘人表示，在得到有效接受时，双方即可按发盘的内容订立合同。发盘中通常都规定有效期，作为发盘人受约束和受盘人接受的有效时限。在有效期内，一般不得反悔或更改发盘条件。但发盘亦可因撤回而阻止未能生效或因拒绝、还盘、撤销、法律实施、过期等失效。

③内容必须十分确定。发盘内容应该是完整的、明确的和终局的。"完整"是指货物的各种主要交易条件完备；"明确"是指主要交易条件不能用含糊不清、模棱两可的词句；"终局"是指发盘人只能按发盘条件与受盘人订立合同，而无其他保留或限制性条款。

④发盘送达受盘人。发盘于送达受盘人时生效。

（3）发盘有效期

在通常情况下，发盘都具体规定一个有效期，作为对方表示接受的时间限制，超过发盘规定的时限，发盘人即不受约束，当发盘未具体列明有效期时，受盘人应在合理的时间内接受才能有效。何谓"合理时间"，须根据具体情况而定。根据《公约》的规定，采用口头发盘时，除发盘人发盘时另有声明外，受盘人只能当场表示接受，方为有效。

采用函电成交时，发盘人一般都明确规定发盘的有效期。其规定方法有以下几种：

①规定最迟接受期限

例如，限 6 月 6 日复，或限 6 月 6 日复到此地。当规定限 6 月 6 日复时，按有些国家的法律解释，受盘人只要在当地时间 6 月 5 日 24 点以前将表示接受的通知投邮或向电报局交发即可。但在国际贸易中，由于交易双方所在地的时间大多存在差异，所以发盘人往往采取以接受通知送达发盘人时间为准的规定方法。按此规定，受盘人的接受通知不得处于 6 月 6 日内送达发盘人。

②规定一段接受的期限

例如，发盘有效期为 6 天，或发盘限 8 天内复。采取此类规定方法，其期限的计算，按《公约》规定，这个期限应从电报交发时刻或信上载明的发信日期起算。如信上未载明发信日期，则从信封所载日期起算。采用电话、电传发盘时，则从发盘送达受盘人时起算。如果由于期限的最后一天为发盘人营业地正式假日或非营业日，则应顺延至下一个营业日。

此外，当发盘规定有效期时，还应考虑交易双方营业地点不同而产生的时差问题。

（4）发盘注意问题

①我国是《公约》的签字国之一。因此，在我国的进出口业务中，凡与缔约国之间的贸易，对于发盘能否撤销的问题，应按《公约》的规定办理。即凡对外报价并规定有效期限的，在有效期限内不得撤销。这对于稳定客户、提高我国出口商品的信誉和发展我国出口贸易是有利的。

②在我们对外发盘时，究竟是发实盘还是发虚盘，一定要根据交易洽商的实际情况、市场变化和受盘人的特点来灵活运用。实盘具有法律约束力，易引起受盘人的注意，有利于迅速达成交易，但缺乏灵活性。在发盘时一旦市场情况估计有误，发盘的内容不当，将陷于被动的局面。虚盘不具有法律约束力，因为保留了最后确认权，所以当情况有变化，可以修改交易条件或不确认，比较灵活，有充分的回旋余地。正因为如此，受盘人往往不予重视，不易迅速达成交易。发盘人为了了解市场情况，可以先对外发虚盘，待市场情况摸清后，再根据情况对外发实盘，争取有利条件成交。

③我国的长期贸易习惯，将发盘分为实盘和虚盘两种，而《公约》将发盘分为不可撤销的发盘（Irrevocable Offer）和可撤销的发盘（Revocable Offer）两种。无论是不可撤销的发盘还是可撤销的发盘，对发盘人来说均有约束力，只不过前者的约束力更大一些。另外，根据《公约》的规定，交易磋商的程序一般包括邀请发盘、发盘、还盘和接受几个环节，所以，在实践中邀请发盘有时称为发虚盘。但是应该向国际贸易的习惯靠拢，在对外洽商交易时，尽量避免使用实盘和虚盘的词语，而争取按《公约》规定的发盘分类方法去解释。

④《公约》中有效发盘的内容与我国习惯上使用的发盘内容有着明显的差别，在工作中我们应注意掌握。《公约》第 14 条规定，一项有效发盘只要写明货物的名称、数量和价格，即视为交易条件完备。而我们习惯上则认为，发盘中必须写明货物的名称、品质、数量、包装、价格、交货期和支付方式，才算交易条件完备。鉴于我国已

经是《公约》的签字国之一，为了今后工作中不发生失误，下述三点可资考虑：第一，如国外发盘中的内容符合《公约》的规定，则应视为有效发盘加以考虑；第二，如我方对外发实盘，为慎重起见，仍可沿用过去的习惯做法（即注明所有的主要贸易条件）；第三，如我方对外发虚盘，则应改变过去那种"交易条件不完备"的做法，以防对方误解而导致争端，最好在虚盘中采取保留条件的做法，以使对方明白无误。

（5）发盘函写作要点

出口商通常会在两种情况下拟写发盘：一是直接向客户发盘；二是在收到客户询盘后做出答复。由于场景不同，两者拟写的技巧也有所区别。前者要多考虑发盘的完整性的吸引力；后者则要针对对方的要求有的放矢，才有收获。比如客户一般都会说自己订量很大，要求报较低价格，发盘时就可按数量等级成阶梯状报价发盘，以满足客户不同需要。完整准确地拟写发盘可以避免争议，缩短交易磋商的时间，尽快达成协议。一般说来，一封规范的发盘函应包括如下三方面的内容：

①准确阐明各项主要交易条件

根据我国的贸易实践，一项交易条件完整的发盘应包括品名、品质、数量、包装、价格、交货和支付几项内容。

例如：

We take pleasure in making you a special offer as follows：

Art. No. 8101 Printed Shirting

Design No. 7542301A

Specifications：30x36s 72x69

Quantity：18，000yards

Packing：in bales or in wooden cases，at seller's option

Shipment：to be made in three equal monthly installments，beginning from Aug. 2002.

Payment：by confirmed，irrevocable L/C payable by draft at sight to be opened 30 days after the time of shipment.

②声明此发盘的有效期及其他约束条件

为了防止日后的争议或敦促对方早下订单，发盘中通常会明示发盘的有效期，或指出其有效的条件。例如：

例 1. This offer is valid for 7 days.

例 2. For acceptance within two weeks.

例 3. ... subject to your reply reaching here before March 28.

③鼓励对方订货并保证供货满意

发盘的目的是为了获得订单，所以发盘中通常会用一些鼓励、刺激对方下订单的语句来结尾。例如：

例 1. We hope you will agree that our prices are very competitive for these good quality clothes，and we look forward to receiving your initial order.

例 2. As we have been receiving a rush of orders now，we would advise you to place your order as soon as possible.

例 3. Any orders you place with us will be processed promptly.

当然，在适当的情况下，也可对产品的优点做进一步的阐述的强调。若是在收到对方询盘后进行发盘，通常还需要在信的开头对对方的来函表示感谢，并针对询盘中提出的其他问题做具体回复。

3. 还盘

（1）还盘的含义

还盘（Counter Offer）又称还价，指受盘人在接到发盘后，不同意或不完全同意发盘的内容，为了进一步磋商交易，于是对发盘提出修改或变更意见，用口头或书面的形式表示出来，即构成还盘。

还盘可以针对价格，即人们常说的讨价还价，也可以针对品质、数量、交货期、支付方式等其他交易条件提出修改或变更意见，如把 3~4 月份交货期改为 1~2 月份交货，把信用证支付方式改为托收支付方式。一方在接到另一方的还盘后，可以表示接受、拒绝，也可以进行再还盘，即针对对方还盘，再提出修改意见，有时一笔交易往往要经过多次还盘的反复磋商，才能达成。还盘不是磋商的必经步骤和阶段。有时交易双方无须还盘即可成交；有时虽经多次反复还盘，但终因双方分歧过大而不能成交。

（2）还盘的性质

①还盘是对发盘的拒绝或否定，还盘一经做出，原发盘即失去效力，发盘人不再受其约束。

②还盘等于受盘人向原发盘人提出的一项新发盘。还盘做出后，还盘的一方与原发盘的一方在地位上发生了变化，还盘者由原来的受盘人变成了新发盘的发盘人。而原发盘的发盘人则变成了新发盘的受盘人。新受盘人有权就还盘内容进行思考，决定接受、拒绝或是再次还盘。

③还盘也有虚实之分，即还盘既可能是有约束力的实盘，也可能是无约束力的虚盘。

④只有受盘人才可以还盘，非受盘人还盘无效。

（3）还盘的注意问题

①在交易磋商中，由于双方地位不同，争取的目标不同，因而，一方的报价或其他条件往往与另一方可能接受的价格或其他条件有较大的差距。在这种情况下，要想达成交易，就要进行艰难的讨价还价，急于求成是不行的。

②在谈判中，当对方的发盘条件与我方的能够接受的条件相距甚远时，要冷静分析对方的发盘。对于外商来说，哪些条件是至关重要的，哪些条件是次要的。还可以询问对方报价的依据以及在各项主要交易条件上有多大的通融余地。然后把对方的意图与我方的要求加以比较，找出分歧的地方及侧重点。

比如说，外商作为卖方，除了要求卖个好价外，还希望早点成交，尽快收汇，以解决资金周转的困难；而我方作为买方，最关心的是如何以最低价买进，至于支付方式与时间，相对来讲不是最重要的。这样分析之后，双方之间的分歧及侧重点就比较清楚了。针对这种情况，我方再进一步研究采取什么样的对策，也就是制订出磋商的方案。

③在摸准市场动态和客户经营作风及其真实意图的基础上，如果确认我方原发盘符合市场行情，所报价格和其他交易条件是合理的而对方还盘中所提条件是不合理的，那么我们就不能轻易接受对方的还盘。反之，如果对方还反映了一定的市场动态，所提条件比较合理，我们又想迅速达成交易，就可适当让步，比如，调低价格或适当放宽其他交易条件，进行再还盘，或者及时接受对方的还盘，而不要在次要问题上纠缠，延误交易时间。

（4）还盘函写作要点

出口发盘之后，双方最难达成一致意见的就是商品的价格，作为买方总是希望对方降价，还盘中会罗列出诸如该价格购进自己很难推销、竞争者类似报价很低、订量大要求折扣、国际市场价格走低等理由。而卖方总是想维持原价，当发盘后如果没有回音，卖方应主动联系客户；当买方还盘要求降价时，卖方通常面临三种选择。一是坚持原价，还盘函中就应说明产品的优越性或原料、人工上涨等理由，但如果努力说服客户接受原价，就有可能让客户没有获利感觉，失去成交的机会，甚至失去客户。二是完全接受对方的还价。三是针对对方的还价进行再还价。如果接受对方还价或适当降价，则应考虑公司利润有无下降空间，或者与运输、港口、仓储等部门协商以期减少费用开支，或者压低供货价格、或者改变付款方式、或者双方分担一些费用、或者通过鼓励对方增加订货数量等方式来降低出口报价。总之，要降低价格就要进行适当的还价核算。但是无论降价与否，总的说来，拟写还盘函一般要包含如下内容：

①确认对方来函

还盘函的开头，一般都应礼节性地感谢对方来函，并将自己对来函的总体态度简明表示出来。例如：

例1. Thank you for your fax of Aug. 13th. It is difficult for us to sell the goods, as your price is so high.

例2. We are glad to receive your E-mail of Jun. 28th but we're afraid we can't accept your counter bid.

②强调原价的合理性，并列明理由

无论最后是否接受对方的还价，我们一般都会先坚持原价的合理性，给出各种适当的理由。例如：

例1. Our products arc of high quality.

例2. Our price is reasonable compared with that in the international market.

例3. This is our lowest quotation. I'm afraid we can't go any further.

例4. We feel that your counter offer is not proper because the price for such material is on the increase at present.

③提出我方条件，并催促对方行动

这部分主要是表达成交的愿望，希望对方早下订单。通常会加上给予折扣等促销的条件或工厂订单特别多等刺激对方下单的语句。例如：

例1. We are prepared to make a two percent reduction if your order is big enough.

例2. If I had not been for our good relationship, we wouldn't have made you a firm offer at this price.

例 3. The manufacturers are very heavily committed for many months to come.

4. 接受

（1）接受的含义

接受（Acceptance）是指交易的一方在接到另一方的发盘或还盘以口头或书面的形式或行为向对方无条件地表示完全同意发盘或还盘的内容，并愿与之签订合同。接受在法律上称作承诺。接受如同发盘一样，既属于商业行为，也属于法律行为。接受产生的重要法律后果是交易达成、合同成立。

《公约》第 18 条给接受下的定义是："受盘人声明或做出其他行为表示同意一项发盘，即为接受。发盘一经受盘人有效接受，交易即告达成，合同即为成立。接受可以由卖方做出，也可以由买方做出。"

（2）构成接受的要件

根据《公约》的解释和规定的条件，构成有效的接受要具备以下 4 个：

①接受必须由收盘人做出。这一条件与构成发盘的第一条件是相呼应的。发盘必须向特定的人提出，即表示发盘人愿意按发盘的条件与受盘人达成交易并签订合同，但并不表示他愿意按这些条件与其他任何人达成交易，订立合同。因此，接受也只能由受盘人做出，才具有法律效力。任何第三者对发盘的接受对发盘人均无约束力。

②接受必须表示出来。受盘人做出接受，要采用声明或做出其他行为的方式表示。所谓声明，是指以口头或书面的形式向发盘人明确表示接受；所谓做出其他行为，是指用行为表示接受。

③接受必须无条件同意发盘的全部内容。这就是说，接受的内容应与发盘的内容一致，才表明交易双方就有关的交易条件达成了一致意见，即所谓"合意"。但在实际业务中，常有这种情况，受盘人在答复虽然使用了"接受"这个词，但又对发盘内容做了增加、限制或修改。这在法律上称为有条件的接受，不是有效的接受，而是一种还盘，实际上是对发盘的拒绝。发盘人可以不受其约束。然而，这并不是说受盘人在表示接受时，不能对发盘的内容做丝毫的变更。这里的关键问题是看这种变更是否是属于实质性的。

④接受必须在发盘的有效期内做出。发盘中通常都规定有效期。如果发盘中明确规定了有效期，受盘人只有在有效期内做出接受才有效；如果发盘中未明确规定有效期，按照国际贸易习惯，应在合理时间内做出接受才有效。

（3）逾期接受

在国际贸易中，由于种种原因，受盘人的接受通知超过发盘的有效期才送达到发盘人，这在法律上称为"逾期接受"。逾期接受在一般情况下不能视为有效的接受，不具有法律效力，因而，发盘人不受其约束。但下述两种情况属于例外：

①《公约》第 21 条第 1 款规定："逾期接受仍有效力，如果发盘人毫不迟延地用口头或书面形式将此种意见通知受盘人。"在一定条件下，逾期接受仍有效力。这里所说的一定条件，是指由发盘人确认，并且毫不延迟地通知受盘人，通知的方式可以是口头的，也可以是书面的。而如果发盘人不确认，不及时通知，这项接受就没有效力。

②《公约》第21条第2款规定："如果载有逾期接受的信件或其他书面文件表明，它是在传递正常、能及时送达发盘人的情况下寄发的，则该项逾期接受仍具有接受的效力，除非发盘人毫不迟延地用口头或书面形式通知受盘人，他认为他的发盘已经失效。"如果逾期接受并非受盘人的过失，而是传递造成的失误，就是说，受盘人已按期发出了接受，传递正常的话，本可以及时送达发盘人的，那么这种逾期仍具有效力。但是，如果发盘人及时通知受盘人，他认为发盘已经失效，则逾期接受就不具有效力；反过来说，如果发盘人未及时表态，而受盘人又能证明逾期不属于他的责任，那么逾期接受就具有效力。

总而言之，在接受逾期的情况下，不管受盘人有无责任，该接受是否有效的主动权在发盘人。

（4）接受的撤回与修改

在接受的撤回或修改问题上，《公约》采取了大陆法"送达生效"的原则。《公约》第22条规定："接受得予撤回，如果撤回通知于接受原应生效之前或同时送达发盘人。"由于接受在抵达发盘人时才产生法律效力，故撤回或修改接受的通知，只要先于原接受通知或与原发盘接受通知同时抵达发盘人，则接受可以撤回或修改。如接受已经抵达访盘人，即接受一旦生效，合同即告成立，就不得撤回接受或修改其内容，因为这样做无异于撤销或修改合同。

需要指出的是，当前通信设备非常发达和各国普遍采用现代化通信的条件下，当发现接受中存在问题而想撤回或修改时，往往已经来不及了。为了防止出现差错和避免发生不必要的损失，在实际业务中，应当审慎行事。

（5）接受需要注意的问题

①应该慎重地对磋商的函电或谈判记录进行认真核对，经核对认为对方提出的各项主要交易条件已明确、完整、无保留条件和肯定时，才能表示接受。

②应该在对方报价规定的有效期间做出，并应严格遵守有关时间的计算规定。

③在做出接受之前，应该详细分析对方的报价，搞清楚是实盘还是虚盘。如果将对方的虚盘误认为实盘表示接受，可能暴露我方接受的底价和条件，使我们处于被动地位。如果将对方的实盘误认为虚盘，可能失去成交良机。

（6）接受函写作要点

表示接受的信函最主要的目的是要告诉对方合同或确认书已经寄出，希望对方会签，同时表达成交的高兴心情。例如：

例1. We are glad that through our mutual effort finally we have reached the agreement.

例2. We believe the first transaction will turn out to be profitable to both of us.

例3. We are sending you our Sales Contract No. 23456 in duplicate. Please sign it and return one copy for our file.

另外，当支付方式是信用证时，出口方还应加上一些催促对方尽早开立信用证的语句，因为按照开证才能保证出口方按时交货。例如：

例1. It is understood that a letter of credit in our favor covering the above-mentioned goods will be established promptly.

例 2. Please instruct your bank to issue the credit as early as possible so that we may process with the goods immediately.

例 3. We wish to point out that the stipulations in the relevant credit should strictly conform to the terms we have agreed upon so as to avoid subsequent amendments.

1.4.2 进出口贸易合同的主要内容

进出口贸易合同，又称国际货物买卖合同，是不同国家和地区之间的买卖双方就货物交易所达成的协议。通过签订书面合同使买卖双方当事人的权利和义务固定下来，成为履行权利和义务的依据。并且，在发生争议时又是判定双方是否违约和承担责任的依据。因此，订立合同对当事人双方十分重要。

一项有效的贸易合同必须具备必要的内容。否则，约定不明，对当事人应承担的责任无法判定，出现争议时就很难解决，甚至因缺少某些内容而导致合同无效。一般来说，书面合同的内容一般由下列三部分组成：

一、约首

约首是指合同的序言部分，其中包括合同的名称、订约双方当事人的名称和地址（要求写明全称）。此外，在合同序言部分常常写明双方订立合同的意愿和执行合同的保证。

二、本文

本文是合同的主体部分，具体规定了买卖双方各自的权利和义务，一般通称为合同条款。如品名条款、品质条款、数量条款、价格条款、包装条款、装运条款、支付条款及商检、索赔、仲裁和不可抗力条款等。

三、约尾

约尾一般列明合同的份数，使用的文字及其效力、订约的时间和地点及生效的时间。合同的订约地点往往要涉及合同准据法的问题，因此要谨慎对待。我国的出口合同的订约地点一般都写在我国。

1.4.3 进出口贸易合同的主要条款

一、品质条款

1. 商品品质是指商品的内在素质和外观形态的结合。前者包括商品的物理性能、机械性能、化学成分和生物特性等自然属性；后者包括商品的外形、色泽、款式或透明度等。例如：

Name of Commodity：Northeast Soybean（品名：东北大豆）

Name of Commodity：Plush Toy Bear（品名：绒毛玩具熊）

2. 表示商品品质的方法

在国际贸易中表示商品品质的方法主要有以实物表示商品品质和凭文字说明表示商品品质两种：

（1）以实物表示商品品质。可以分为看货成交（又称凭现货买卖）和凭样品买卖。其中，看货成交指买卖双方根据成交货物的实际品质进行交易。这种方法多半用于拍卖、寄售和展卖业务中，尤其适用于具有独特性质的商品，如珠宝、首饰、字画及特定工艺制品。凭样品买卖指交易双方规定以样品表示商品的品质并以之作为卖方交货品质的依据。在国际贸易实务中，有些商品难以用文字来说明其品质，代之以实物样品来表示。如某些工艺品、服装、土特产品、皮鞋等一般适用在造型设计上有特殊要求（色、香、味等方面特征）的商品。

（2）凭文字说明表示商品品质。有以下几种表示方法：分别是凭规格买卖（Sale By Specification）、凭等级买卖（Sale By Grade）、凭标准买卖（Sale By Standard）、凭说明书买卖（Sale By Descriptions）、凭商标或品牌买卖（Sale By Trade Mark Or Brand）和凭产地名称买卖（Sale By The Name Of Origin）。

3. 品质条款的规定

品质条款是合同中的一项主要条款，是买卖双方对商品质量、规格、等级、标准、商标、牌号等的具体规定。卖方以约定品质交货，否则买方有权提出索赔或拒收货物，以至撤销合同。

规定品质条款的注意事项：

（1）交货品质与样品大体相等或其他类似条款。

（2）品质公差：指国际上公认的产品品质的误差。例如，C708 中国灰鸭绒，含绒量 90%，允许上下 1% 浮动。

（3）机动幅度。例如，棉布 35/36 英寸。

（4）规定品质规格的上下极限。例如，白糯米碎粒最高 25%。

二、数量条款

1. 计量单位

国际贸易中使用的计量单位很多，究竟采用何种计量单位，除主要取决于商品的种类和特点外，也取决于交易双方的意愿。

2. 计算重量的方法

国际贸易中计算重量的方法主要有：毛重、净重、公量、理论重量、法定重量和实物净重。

3. 数量条款的约定

买卖合同中的数量条款，主要包括成交商品的数量和计量单位，按重量成交的商品，还需说明计算重量的方法。数量条款的内容及繁简，应视商品的特性而定。

三、包装条款

1. 包装的含义和内容

包装条款是国际货物买卖合同中的一项主要条款，按照合同约定的包装要求提交货物是卖方的主要义务之一。一些国际法律将包装视作货物说明的一部分，《联合国国际货物销售合同公约》第 35 条（1）款规定："卖方须按照合同规定的方式装箱或包装。"如果卖方不按照合同规定的方式装箱或包装，即构成违约。为了明确国际货物买卖合同中当事人的责任，通常应在买卖合同中对商品的包装要求作明确具体的要求。

2. 包装的分类

包装根据在流通过程中所起作用的不同，可分为运输包装（即外包装）和销售包装（即内包装）两种类型，前者的主要作用在于保护商品和防止出现货损货差，后者起到保护商品的作用和促销的功能。

（1）运输包装

根据包装方式不同，分为单件运输包装（指货物在运输过程中作为一个计件单位的包装）和集合运输包装（是在单件运输包装的基础上，把若干单件包装组合成一件大的包装或装入一个大的容器内的包装）。

（2）销售包装

销售包装通常又称小包装或内包装，是指直接接触商品，随商品进入零售市场，面对消费者的包装。这类包装除必须具有保护商品的功能外，更应具有促销的功能。

3．条形码技术在商品包装上的应用

现代商品包装上还应印有条形码。条形码是由一组配有数字的黑白及粗细不等的平行条纹所组成，是一种利用光电扫描阅读设备为计算机输入数据的特殊代码语言。

条码的应用有如下优越性：①可靠准确。②数据输入速度快。③经济便宜。④灵活、实用。⑤自由度大。⑥设备简单。⑦易于制作。

现代商品包装上使用的条形码，在国际上通用的有两种：一种是 UPC 码（统一产品代码），由美国和加拿大组织的统一编码委员会（Universal Code Council，UCC）编制；另一种是 EAN 码，由英、法、德等欧共体 12 国成立的欧洲物品编码协会（European Article Number Association，EAN）编制。虽然在 1981 年，EAN 改名为国际货品编码协会（International Article Number Association），但仍保留原简称。

厂商应根据需要选择申请适宜的代码结构，遵循三项基本的编码原则，即唯一性原则、无含义性原则、稳定性原则编制商品标识代码，这样就能保证商品标识代码在全世界范围内是唯一的、通用的、标准的，就能作为全球贸易中信息交换、资源共享的关键字和全球通用的商业语言。

4．商品运输包装的标志

为了在商品的储运中易于辨认，在运输包装的外面书写、压印、刷制一定的图形、文字和数字，就称为商品运输包装标志。

商品运输包装标志包括：①运输标志，②指示性标志，③警告性标志。

运输标志又称唛头，通常是由一个简单的几何图形和一些字母、数字及简单的文字组成。其主要内容包括：目的地的名称或代号，收、发货人的代号，件号、批号。此外，有的运输标志还包括原产地、合同号、许可证号和体积与重量等内容。

5．定牌、无牌和中性包装

（1）定牌、无牌

①定牌是指卖方按买方要求在其出售的商品或包装上标明买方指定的商标或牌号的做法。

②无牌是指买方要求卖方在出口商品和/或包装上免除任何商标或牌名的做法，它主要用于一些尚待进一步加工的半制成品。

（2）中性包装（Neutral Packing）

中性包装是指在商品上和内外包装上不注明生产国别的包装。中性包装有定牌中性和无牌中性之分。

四、价格条款

进出口合同中的价格条款，一般包括商品的单价（Unit Price）和总值或总金额（Total Amount）两项基本内容。单价通常由四个部分组成，即计量单位、单位价格金额、计价货币和贸易术语四项内容。例如，"US $ 150 per Metric Ton CIF New York"表示每公吨150美元CIF纽约。总值或总金额是单位和数量的乘积，也就是一笔交易的货款总金额。总值所使用的货币必须与单价所使用的货币一样。总值除使用阿拉伯数字填写外，一般还用文字表示。

1. 作价办法

（1）固定价格：这是国际贸易中常见的作价办法。

（2）非固定价格：暂定价格、暂不作价。

2. 佣金与折扣

（1）佣金（Commission）

佣金是代理人或经纪人（中间商）为委托人进行交易而收取的报酬。佣金分为明佣和暗佣两种。关于计算佣金的公式如下：

佣金＝含佣价×佣金率

净价＝含佣价-佣金＝含佣价×（1-佣金率）

（2）折扣（Discount）

折扣是卖方给予买方的价格减让，用文字明确表示出来。例如：每公吨1000美元CIF纽约包括3%折扣表示为US $ 1000 per M/T CIF New York including 3% discount。

折实价＝原价×（1-折扣率）

五、装运条款

1. 运输方式

在国际贸易中采用的运输方式包括海洋运输、铁路运输、航空运输等各种运输方式。

2. 装运条款的主要内容

①装运时间规定方法。②装运地和目的地的规定方法。③分批装运和转运的规定方法。④装运通知。

六、运输保险条款

1. 海上运输保险的承保范围

海上运输保险人主要承保由于海上风险和外来风险所造成的货物或费用损失。这里所指海上运输保险人是指保险公司。

（1）海上风险

海上风险在保险业界又称为海难，一般包括自然灾害和意外事故两种。按照国际保险市场的一般解释，这些风险所指的大致内容如下：

自然灾害。所谓自然灾害，是仅指恶劣气候、雷电、洪水、流冰、地震、海啸、火山爆发以及其他人力不可抗拒的灾害。

海上意外事故。海上意外事故所指的主要是船舶搁浅、触礁、碰撞、爆炸、火灾、沉没、船舶失踪或其他类似事故。

（2）海上损失

海上损失（简称海损）是指被保险货物在海运过程中，由海上风险所造成的损坏或灭失。根据国际保险市场的一般解释，凡与海陆连接的陆运过程中所发生的损坏或灭失，也属海损范围。海损按货物损失程度的不同，可分为全部损失（Total Loss）和部分损失（Partial Loss）；按货物损失的性质区分，又可分为共同海损（General Average）和单独海损（Particular Average）。

2. 海运货物保险的险别

CIC 承保责任范围：保险人承保责任范围大小，取决于不同保险险别。

（1）基本险别：主要包括平安险、水渍险和一切险。

①平安险（Free From Particular Average，F. P. A）

承保责任范围包括：

被保险货物在运途中遭受自然灾害造成的全损。

运输工具遭意外事故造成货物的全部或部分损失。

运输工具遭意外事故情况下，货物在此前后又遭自然灾害造成的部分损失。

在装卸或转船时，一件或数件整件货物落海造成的全损或部分损失。

被保险人对遭风险的货物采取抢救，以防止或减少损失所支付的合理费用，但以不超过保险金额为限。

运输工具遭海难后，在避难港（卸、存、运）产生的特别费用。

共同海损的牺牲、分摊和救助费用。

"船舶互撞条款"中规定由货方偿还船方的损失。

②水渍险（W. A 或 W. P. A）

承保责任范围包括：平安险 + 自然灾害下的部分损失。

③一切险（All Risks，A. R）

承保责任范围包括：水渍险 + 一般附加险的内容。

（2）附加险别

①一般附加险（General Additional Risks）

主要包括：偷窃提货不着险、淡水雨淋险、渗漏险、短量险、钩损险、污染险、破碎险、碰损险、生锈险、串味险和受潮受热险（11 种）。

②特殊附加险（Special Additional Risks）

主要包括：战争险和罢工险，以及其他特殊附加险：交货不到险、舱面险、拒收险、黄曲霉素险。

采用不同的贸易术语，办理投保的人就不同。凡采用 FOB 或 CFR 条件成交时，在买卖合同中，应订明由买方投保。凡以 CIF 条件成交的出口合同，均须向中国人民保险公司按保险金额、险别和适用的条款投保，并订明由卖方负责办理保险。按照国际保险市场习惯，通常按 CIF 或 CIP 总值加 10% 计算投保金额，保险费 = 保险金额 × 保险费率。

例如：出口工具至香港，货价 1 000 港元，运费 70 港元，加一成投保一切险和战争险，一切险费率为 0.25%，战争险费率为 0.03%。试计算投保额和保险费应是多少。

七、支付条款

国际贸易货款的结算，主要涉及支付工具、付款时间、地点及支付方式等问题，买卖双方洽商交易时，必须对此达成一致的意见，并在合同中具体订明。

国际贸易货款的收付，以现金结算货款使用较少，大多使用非现金结算，即使用代替现金作为流通手段和支付手段的信贷工具来进行国际的债权债务的结算。票据是国际通行的结算和信贷工具，是可以流通转让的债权凭证。在国际贸易中，作为货款的支付工具有货币和票据，而以票据为主。

八、商品检验检疫条款

在国际贸易中，买卖双方交易的商品，一般都要经过检验检疫。国际货物买卖合同中的检验检疫条款，主要包括检验检疫时间与地点、复验期限与复验地点、检验检疫机构与检验检疫证书，以及检验检疫标准与方法等内容，这些内容都要在合同中订明。

九、索赔条款

索赔（Claim）是指交易一方不履行合同义务或不完全（也称"不适当"）履行合同义务，致使另一方遭受损失时，受损方向违约方提出要求给予损害赔偿的行为。在国际贸易中，种种原因往往会引起索赔事件。根据损失的原因和责任的不同，索赔有 3 种不同情况：凡属承保范围内的货物损失，向保险公司索赔；如系承运人的责任所造成的货物损失，向承运人索赔；如系合同当事人的责任造成的损失，则向责任方提出索赔。本节介绍的，仅限买卖双方在履行合同过程中出现违约情况而引起的索赔。

对受损方提出的索赔要求予以受理并进行处理，称为理赔。索赔与理赔是一个问题的两个方面。对受损方而言，称作索赔，对违约方而言，称作理赔。

十、不可抗力条款

不可抗力（Force Majeure）是指买卖合同签订后，并非由于合同当事人的过失或疏忽，而是由于发生了合同当事人无法预见、无法预防、无法避免和无法控制的意外事故，以致有关当事人不能履行或不能如期履行合同义务，发生意外事故的一方当事人可以免除违约的责任。

在国际货物买卖合同履行过程中，意外事故时有发生，对哪些事故构成不可抗力，当事人享有何种程度的免责，应在订立不可抗力条款时做出相应的约定。

十一、仲裁条款

在国际贸易中，买卖双方签订合同后，由于种种原因，没有如期履行合同，会引起交易双方的争议。谋求解决争议的方法一般有友好协商、调解、仲裁和诉讼四种。

友好协商是解决争议的最妥善的方法。争议双方通过友好协商，达成和解，取得彼此都能接受的解决方法。

调解（Conciliation）是在争议双方自愿基础上，由第三者出面居间调停。调解是解决争议的一种好办法，我国仲裁机构采取调解与仲裁相结合的办法。

在友好协商和调解难以达成协议时，可诉诸法律。但诉讼（Litigation）往往旷日持久，费用昂贵。

仲裁（Arbitration）是指买卖双方达成协议，一旦发生争议和纠纷，自愿将争议和纠纷交由双方同意的仲裁机构进行裁决的一种解决纷争的方法。

1.5 实验内容

1.5.1 撰写商务函电进行交易磋商

1. 步骤

登录练习系统→查看我的练习→选择习题→进入答题→完成实验报告。见图 1.1。

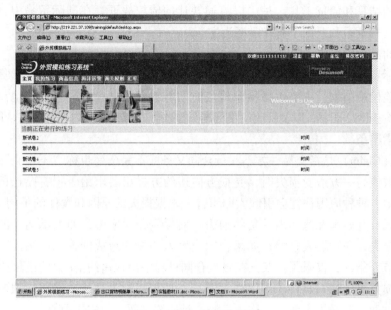

图 1.1　练习系统主界面

2. 信函示例

世嘉贸易公司（Shijia Trading Corp.）6 月 2 日收到洛杉矶客户来函及寄来的 5 个花色的中国丝绸手绢样品，询问能否按来样供应。在与厂家联络后，世嘉公司按照客户要求邮寄了回样，并在发盘中说明第 1 至 4 号花色是 CIF 洛杉矶价每打 25 美元，第 5 号花色是 CIF 洛杉矶每打 30 美元，收到信用证后一个月内交货。如付现金，可减价 3%。此发盘适用于起订量每种花色 300 打，本月底前有效。

根据上述内容拟一份发盘。示例如下：

Dear Sirs,

With reference to your letter of June 2nd, enquiring the possibility of supplying Chinese Silk Handkerchiefs, we immediately contact with our manufacturers and, in response to your request, are sending you by separate post our counter samples which, we are sure, almost exactly match your samples.

Design No. 1 to No. 4: US $ 25 per dozen CIF Los Angeles.

Design No. 5: US $ 30 per dozen CIF Los Angeles.

Shipment can be made within one month from receipt of your Letter of Credit. For payment in cash, we are prepared to reduce the price by 3%.

The above offer is for the amount of not less than 300 dozen per design and available up to the end of this month. We look forward to receiving your order at an earlier date.

Yours truly,

Shijia Trading Corp.

1.5.2 订立出口合同

1. 步骤

登录练习系统→查看我的练习→选择习题→进入答题→完成实验报告。见图1.2。

图1.2 制出口合同练习界面

2. 注意事项

（1）卖方（Seller）

此栏填写卖方的全称、详细地址、电话、传真。在实际业务中，有时此栏内容已由公司印制好，但如果公司资料已更改，则需要更改为新资料并加盖校对章，或重新印制合同。

（2）买方（Buyer）

填写买方名称、地址、电传、传真资料。

（3）总值（Total Value）

列明币别及各项商品累计金额之和。它是发票及信用证金额的依据。

例：TOTAL VALUE（总值）—SAY U. S. DOLLARS FORTY FOUR THOUSAND THREE HUNDRED AND FIFTY NINE CENTS FOURTY ONLY.

（4）包装（Packing）

此栏填写包装的种类、材料、包装及其费用由谁负担。如无特别声明则由卖方负担。

例：PACKING（包装）—07004 IN CARTONS OF 2 SETS EACH AND 07001, 07009 TO BE PACKED IN CARTONS OF 1 SET EACH ONLY.（07004 每两件装一纸箱，07001 和 07009 为每一件装一纸箱。）

如无包装可填写 NAKED 或 IN BULK（裸装或散装）。

（5）唛头（Shipping Marks）

如为裸装货或中性包装，则填写"N/M"（无标志）。一般用卖方的唛头，个别情况由卖方结合买方的要求设计，或由买方自定。

例：The detailed instructions about the shipping marks shall be sent in a definite form and reach the Sellers 30 days before the time of shipment aforesaid. Otherwise it will be at the Seller's option.

买方在合同装运期前 30 日内将唛头的详细说明的明确形式通知买方，否则由卖方自己解决。

（6）装运期及运输方式（Time of Shipment & Means of Transportation）

装运期可有多种规定方法，可以规定具体时段。例如：4 月份或 3 月底前；另外也可以用 L/C 或 S/C 等为参照物规定相应时间，如信用证开出后或到达卖方后 30 天。

注意如按后者的规定方式，则需相应规定信用证开出或到达的具体日期，同时应注意 L/C 的有效期与装运期的关系，防止"双到期"的发生，不能安全收汇。

运输方式写海运、空运、邮寄等。

例：TIME OF SHIPMENT & MEANS OF TRANSPORTATION（装运期及运输方式）—TO BE EFFECTED BEFORE THE END OF APRIL 2003 WITH PARTIAL SHIPMENT ALLOWED AND TRANSHIPMENT ALLOWED（装运应在 2003 年 4 月底前完成，且允许分装和转运。）

（7）装运港及目的地（Port of Loading & Destination）

此处列明装运港和目的港（From... to...）

对于 FOB 合同，装运港为合同要件，所以要特别列明装运港。如：From DaLian, China to Rottadam.

对于 CIF 合同，目的港为合同要件，所以要特别列明目的港。如：From any Chinese port to OSAKA, JAPAN.

即使在非为合同要件的情况下，对于"one of main ports of European""Chinese ports"之类的语句，在卖方开立信用证之时一般都要最后订明。

如需转船，则列明中转地。如：From Dalian, China to New York, U. S. A. Via Hongkong.

（8）保险（Insurance）

如使用 FOB 价格术语成交，则选择 TO BE EFFECTED BY THE BUYERS.

如为 CIF 合同，一般规定：

① 如未特殊要求，由卖方根据中国人民保险公司条款按照发票总值 110% 投保最低险别 F. P. A.；另外，根据国际商会规定，一般需按行业惯例替买方把险保足。

② 如买方欲增加其他险别，须于装船前征得卖方同意，所增加的保险费由买方负担。

③ 如为长期客户，则买卖双方协商按行业惯例加保险别，并确定保险费由哪一方负担。

例：To be covered by the Sellers for 100% of Invoice Value against All Risks and War Risks as per the People's Insurance Company of China. If other coverage is required, the Buyers must have the consent of the Sellers before shipment and the additional premium is to be borne by the Buyers.

（9）付款方式（Terms of Payment）

本栏注明付款条件。

例：The Buyers shall open with a bank acceptable an irrevocable, sight Letter of Credit to reach the Seller 30 days before the month of shipment, valid for negotiation in China until 15th days after the month of shipment.

在装运单据签发日 21 天内议付方有效。买方应于装运月份前 30 天，向卖方可接受的银行申请开具以卖方为受益人的不可撤销的即期信用证。至装运月份后第 15 天在中国议付有效。

在当今的国际贸易中一般用信用证付款方式，此时需注意信用证的效期与装运期的关系，以保证安全收汇。

装运期应与信用证到期日（效期）有一段合理时间。不能太短，甚至"双到期"，致使装运单据取得后没有足够时间进行议付。也不能太长，否则占压买方资金，会在货价上表现出来。

1.6　实验思考题

1. 进出口贸易中合同价格的拟定以什么为客观标准？
2. 进出口预算涉及哪些因素？
3. 交易磋商包含哪几个环节，有哪些注意事项？

实验项目二　信用证开立及审核

2.1　实验目的

让学生熟悉信用证各项条款，掌握催开信用证、审核并修改信用证的技巧。

2.2　实验使用的仪器设备（软件）

南京世格外贸练习系统（Training）。

2.3 实验要求

1. 回顾相关理论，了解国际贸易中支付方式的种类及特点，明确信用证支付的一般流程，熟悉信用证的各项条款。

2. 通过案例题目的动手操作，掌握信用证各项条款的相关内容，并能依据合同进行审证和改证。

3. 完成实验报告，记录重点步骤。

2.4 实验理论基础

2.4.1 常用的支付工具和支付方式

在进出口贸易中，选取合适、恰当的支付方式才能安全、迅速地收回货款。然而，在进出口贸易中，货款的收付还不只是支付方式的选择问题，还包括支付工具的选择，各种支付方式的结合使用等内容，这些共同构成了支付条件，关系到买卖双方的利益，因此应当在合同中加以明确。

一、支付工具

在进出口贸易中，有货币和金融票据两种支付工具。但是，在实际操作中，采用现金结算非常不方便，而且风险大、周转慢，所以国际货款的收付一般都是使用信用工具或支付凭证来结算国际的债权债务，即采用非现金结算的票据方式。金融票据主要包括汇票、本票和支票。在进出口贸易中，汇票的使用最为广泛。

1. 汇票

（1）汇票的含义

根据 1995 年 5 月 10 日公布的《中华人民共和国票据法》第十九条规定：汇票（Bill of Exchange）是出票人签发的、委托付款人在见票时或在指定日期无条件支付确定的金额给收款人或持票人的票据。汇票有 3 个当事人，即出票人（Drawer）、受票人（Drawee）或付款人（Payer）和收款人（Payee）。

（2）汇票的基本内容

各国票据法对汇票内容的规定不同，一般认为应包括下列基本内容：

①注明"汇票"字样； ②无条件的支付命令；
③汇票金额； ④出票日期和地点；
⑤收款人姓名和商号； ⑥付款地点；
⑦付款期限； ⑧付款人姓名和商号；
⑨出票人签字。

（3）汇票的种类

①按出票人（Drawer）的不同，汇票可分为银行汇票（Banking Bill）和商业汇票（Commercial Bill）。出票人为银行，即为银行汇票；出票人为工商企业或个人，即为商业汇票。

②按有无附商业单据，可分为光票（Clean Bill）和跟单汇票（Documentary Bill）。汇票在使用过程中，如不附商业单据，即为光票；如附有商业单据，即为跟单汇票。

③按付款时间的不同，可分为即期汇票（Sight Draft）和远期汇票（Time Bill or Us-ance Bill）。如果付款人见到汇票后立即付款，就称为即期汇票；如果付款人见到汇票后在一定期限或者特定日期付款，则是远期汇票。

远期汇票的付款时间一般有以下四种规定方式：

A. 见（汇）票后××天付款。（At ×× Days After Sight.）

B. 出（汇）票后××天付款。（At ×× Days After Date of Issue.）

C. 提单日期后××天付款。（At ×× Days After Date of b/l.）

D. 指定日期。（Fixed Date.）

要注意上述 A~C 种情况下付款时间的不同，假如期限都为 60 天，那么，C 最早，B 其次，A 最迟。因为在通常情况下，提单日期最早，汇票日期不得早于提单日期，而见票日期是在国外收到汇票时的日期，从出票日期到见票需要一个邮程。

值得注意的是，一张汇票往往可以同时具备几种性质。例如一张商业汇票，同时又可以是即期的跟单汇票。

（4）汇票的使用程序

①出票（Issue）

出票是指出票人在汇票上填写付款人、付款金额、付款日期和地点及收款人等项目，经签字交付给收款人的行为。在出票时，对收款人（即汇票抬头）通常有三种写法：

限制性抬头（Non-Negotiable），如 Pay to xxx Co. only，限定了汇票的收款人，该汇票在市场上不能转让和流通。

指示性抬头（Endorsable），如 Pay to order 或 Pay to the order of xx Co or xxx bank.，该汇票通过持票人在背面签字（背书），即可转让给他人。在服装贸易结算中比较常用。

持票人或来人抬头（Marketable），如 Pay to the bearer. 该汇票无须持票人背书就可以转让给他人。

②提示（Presentation）

提示是指持票人将汇票提交付款人要求承兑或付款的行为。付款人见到汇票叫见票（Sight）。提示可以分付款提示和承兑提示。如果是即期汇票，付款人应做出付款提示；如是远期汇票，先做出承兑提示，到期时再付款。

③承兑（Acceptance）

付款人对远期汇票表示承担到期付款责任的行为。即期汇票不需要该程序。

④付款（Payment）

受票人（付款人）对即期汇票在见票后立即履行支付责任或对已经承兑的汇票在到期时履行支付责任的行为。

⑤背书（Endorsement）

含义：背书是转让汇票权利的一种法定手续，是指由汇票持有人在汇票的背面签上自己的名字或再加上受让人的名字，并把汇票交给受让人的行为。

贴现：在国际市场上，一张远期汇票的持有人如想在付款人付款前取得票款，可以经过背书将汇票转让给贴现的银行或金融公司，由它们将扣除一定贴现利息后的票款付给持有人，这就叫贴现（Discount）。

⑥拒付（Dishonor）

拒付，也称退票，是指持票人提示汇票要求承兑时，遭受拒绝承兑（Dishonor by No-acceptance）或持票人提示汇票要求付款时，遭到拒绝付款（Dishonor by Non-payment）。除了拒绝承兑和拒绝付款外，付款人拒而不见、死亡或宣告破产，以致付款事实上已不可能时，也称拒付。

⑦追索（Recource）

当持票人遭到拒付就可向出票人或汇票背书人行使追索权。汇票的善意持有人有权向所有"前手"追索，一直可追索到出票人。

2. 本票

（1）本票的定义

本票（Promissory Note）是指由一人向另一人签发的约定在见票时或在指定的或可以确定的将来时间向特定的人或其指定的人或持票人无条件支付一定金额的书面承诺。

（2）本票的必要项目

①注明"本票"字样。

②无条件的支付承诺。

③确定的金额。

④收款人姓名和商号。

⑤出票日期。

⑥出票人签字。

（3）本票的种类

按出票人的不同，本票可分为商业本票（Commercial Note）和银行本票（Banking Note）。企业和个人签发的本票为商业本票；银行签发的本票为银行本票。商业本票按付款日期不同分为定日付款本票、签票日后定期付款本票、见票后定期付款本票和见票即付本票。银行本票则都是即期的。银行本票，因是银行信用，较为常用。

（4）本票与汇票的区别

①本票是无条件支付承诺，汇票是无条件支付命令。

②本票票面有两个当事人：出票人和收款人，本票的出票人即是付款人。汇票票面有三个当事人：出票人、付款人和收款人。

③本票在任何情况下，出票人是主要债务人，汇票承兑前，出票人是主要债务人，在承兑后，承兑人是主要债务人。

④本票只能开出一张，汇票可以开出一式两份或一套几张。

⑤英国《票据法》规定：外国本票退票时，不需做成拒绝证书，外国汇票退票时必须做成拒绝证书。

3. 支票

（1）支票的定义

支票（Check or Cheque）是银行存款户对银行签发的要求银行对特定的人或其指

定人或持票人在见票时无条件支付一定金额的书面命令。签发支票是以存款者在银行存款账户上有足够数额存款或事先同银行洽订有一定的透支额度作为前提条件的。实际上，支票是以银行为付款人的即期汇票。

（2）支票的必要项目

①注明"支票"字样。

②无条件的支付委托。

③确定的金额。

④付款人姓名和商号。

⑤出票日期。

⑥出票人签字。

（3）支票的种类

按照我国《票据法》，支票可分为现金支票和转账支票，现金支票可以向银行提取现金，转账支票通过银行将票款收入账户。

（4）支票与汇票的区别

①支票是存款人对银行签发的无条件支付命令，出票人与付款人（银行）必先有资金关系。汇票是出票人对付款人签发的无条件支付命令，出票人与付款人不必先有资金关系。

②支票的付款人必须是银行，汇票的付款人可以是个人、企业，也可以是银行。

③支票的用途是结算，汇票的用途可以是结算，也可以是融资。

④支票是即期付款，流通期极短，不需要承兑手续。汇票有即期付款也有远期付款，远期付款必须办理承兑，流通期限也较长。

⑤英国《票据法》规定，支票出票人可以止付，汇票无止付。

二、支付方式

常见的支付方式包括汇付、托收和信用证。

汇付又称汇款，是最简单的国际货款结算方式。采用汇付方式结算货款时，卖方将货物发运给买方后，有关货运单据由卖方自行寄送买方；而买方则通过银行将货款汇交给卖方。这对银行来说，只涉及一笔汇款业务，并不处理单据，属于商业信用，采用顺汇法。

汇付业务涉及的当事人有四个：付款人（汇款人，Remmitter）、收款人（Payee 或 Beneficiary）、汇出行（Remitting Bank）和汇入行（Paying Bank）。其中付款人（通常为进口人）与汇出行（委托汇出汇款的银行）之间订有合约关系，汇出行与汇入行（汇出行的代理行）之间订有代理合约。在办理汇付业务时，需要由汇款人向汇出行填交汇款申请书，汇出行有义务根据汇款申请书的指示向汇入行发出付款书；汇入行收到会计委托书后，有义务向收款人（通常为出口人）解付货款。但汇出行和汇入行对不属于自身过失造成的损失（如付款委托书在邮递途中遗失或延误等致使收款人无法或延期收到货款）不承担责任，而且汇出行对汇入行工作上的过失也不承担责任。

汇付的缺点是风险大，资金负担不平衡。因为以汇付方式结算，可以是货到付款，也可以是预付货款。如果是货到付款，卖方向买方提供信用并融通资金。而预付货款则买方向卖方提供信用并融通资金。在分期付款和延期付款的交易中，买方往往用汇付方式支付货款，但通常需辅以银行保函或备用信用证，所以又不是单纯的汇付方式。

托收是指出口人在货物装运后，开具以进口方为付款人的汇票（随附或不随附货运单据），委托出口地银行通过它在进口地的分行或代理行代进口人收取货款的一种结算方式。其属于商业信用，采用的是逆汇法。

托收方式的当事人有委托人、托收行、代收行和付款人。委托人（Principal），即开出汇票委托银行向国外付款人代收货款的人，也称为出票人（Drawer），通常为出口人；托收行（Remitting Bank），即接受出口人的委托代为收款的出口地银行；代收行（Collecting Bank），即接受托收行的委托代付款人收取货款的进口地银行；付款人（Payer 或 Drawee），汇票上的付款人即托收的付款人，通常为进口人。

上述当事人中，委托人与托收行之间、托收行与代收行之间都是委托代理关系，付款人与代收行之间则不存在任何法律关系，付款人是根据买卖合同付款的。所以，委托人能否收到货款，完全视进口人的信誉好坏，代收行与托收行均不承担责任。

在办理托收业务时，委托人要向托收行递交一份托收委托书，在该委托书中注明各种指示，托收行以至代收行均按照委托的指示向付款人代收货款。

信用证（Letter of Credit，L/C）支付方式是随着国际贸易的发展，在银行与金融机构参与国际贸易结算的过程中逐步形成的。信用证支付方式把由进口人履行付款责任转为由银行付款。因此，在一定程度上解决了进出口人之间互不信任的矛盾，同时，也为进出口双方提供了资金融通的便利。所以，信用证付款已成为国际贸易中普遍采用的一种支付方式。

2.4.2　信用证

一、信用证的含义

根据国际商会《跟单信用证统一惯例》的解释，信用证是指由银行（开证行）依照客户（申请人）的要求和指示或自己主动，在符合信用证条款的条件下，凭规定出据单据：

1. 向第三者、（受益人）或其指定的人进行付款，或承兑和（或）支付受益人开立的汇票。

2. 授权另一银行进行该项付款，或承兑和支付汇票。

3. 授权另一银行议付。

简言之，信用证是一种银行开立的有条件的承诺付款的书面文件。

有关信用证的国际贸易惯例是由国际商会制定并修订的《跟单信用证统一惯例》，即国际商会第 500 号出版物，简称《UCP 500》。

二、信用证的当事人

信用证所涉及的当事人主要有：开证申请人、开证银行、通知银行、受益人、议付行和付款行等。

采用信用证方式结算货款，从进口人向银行申请开出信用证，一直到开证行付款后又向进口人收回垫款，其中经过多道环节，并须办理各种手续。加上信用证的种类不同，信用证条款有着不同的规定，这些环节和手续也各不相同。

三、信用证支付方式的特点

信用证支付方式有以下三个特点：

1. 信用证是一种银行信用。信用证支付方式是一种银行信用，由开证行以自己的信用做出付款的保证。在信用证付款的条件下，银行处于第一付款人的地位。《UCP 500》规定，信用证是一项约定，按此约定，根据规定的单据在符合信用证条件的情况下，开证银行向受益人或其指定人进行付款、承兑或议付。信用证开出便构成开证行的确定承诺。可见，信用证开出后，开证银行是首先付款人，开证银行对受益人的责任是一种独立的责任。

2. 信用证是一种自足的文件。信用证的开立是以买卖合同作为依据，但信用证一经开出，就成为独立于买卖合同以外的另一种契约，不受买卖合同的约束。《UCP 500》规定，信用证与其可能依据的买卖合同或其他合同是相互独立的交易。即使信用证中提及该合同，银行也与该合同无关，且不受其约束。所以，信用证是独立于有关合同以外的契约，是一种自足的文件。

3. 信用证是一种单据的买卖。在信用证支付方式之下，实行的是凭单付款的原则。《UCP 500》规定："在信用证业务中，各有关方面处理的是单据，而不是与单据有关的货物、服务及域其他行为。"所以，信用证业务是一种纯粹的单据业务。在信用证业务中，只要受益人提交的单据符合信用证规定，开证行就应承担付款责任。反之，单据与信用证规定不符，银行有权拒绝付款。但应指出，按《UCP 500》规定，银行虽有义务合理小心地审核一切单据，但这种审核，只是用以确定单据表面上是否符合信用证条款，开证银行只根据表面上符合信用证条款的单据付款。所以在信用证条件下，要实行所谓严格符合的原则。严格符合的原则不仅要做到单证一致，即受益人提交的单据表面上与信用证规定的条款一致；还要做到单单一致，即受益人提交的各种单据之间表面上也要一致。

4. 信用证支付方式的作用

采用信用证支付方式，对出口商来说，可以保证出口商凭单取得货款，并可以取得资金融通；对进口商来说，可以保证按时、按质、按量收到货物，并可提供资金融通。对银行来说也有一定的好处，如收取各种手续费以及利用资金的便利。

四、信用证的主要内容

信用证虽然没有统一的格式，但其基本项目是相同的。主要包括以下几方面：

1. 对信用证本身的说明。如信用证的种类、性质及其有效期和到期地点、交单期限等。

2. 对货物的要求。包括货物的名称、品种、规格、数量、包装、金额、价格等。

3. 对运输的要求。如装运的最迟期限、起运地和目的地、运输方式、可否分批装运和转运等。

4. 对单据的要求。单据主要可分为三类：①货物单据（以发票为中心，包括装箱单、重量单、产地证、商检证明书等；②运输单据（如提单，这是代表货物所有权的凭证）；③保险单据（保险单）。除上述三类单据外，还有可能提出其他单证，如寄样证明、装船通知电报副本等。

5. 特殊要求。根据进口国政治经济贸易情况的变化或每一笔具体业务的需要，可以做出不同规定。如：要求通知行加保兑；限制由某银行议付；要求具备规定条件信用证方始生效等。

6. 开证行对受益人及汇票持有人保证付款的责任条款，根据国际商会《跟单信用证统一惯例》开立的文句，开证行签字和密押等。

五、信用证的种类

信用证可根据其性质、期限、流通方式等特点，分为以下几种：

（一）跟单信用证和光票信用证

以信用证项下的汇票是否附有货运单据划分，信用证可分为跟单信用证和光票信用证。

1. 跟单信用证（Documentary L/C）

跟单信用证是开证行凭跟单汇票或仅凭单据付款的信用证。单据是指代表货物或证明货物已交运的单据。前者指提单，后者指铁路运单、航空运单、邮包收据等。国际贸易所使用的信用证大部分是跟单信用证。

2. 光票信用证（Clean L/C）

光票信用证是指开证行凭不附单据的汇票付款的信用证。有的信用证要求汇票附有非货运单据，如发票、垫款清单等，也属光票信用证。在采用信用证方式预付货款时，通常使用光票信用证。

（二）不可撤销信用证和可撤销信用证

以开证行所负的责任为标准，信用证可以分为不可撤销信用证和可撤销信用证。

1. 不可撤销信用证（Irrevocable L/c）

不可撤销信用证是指信用证一经开出，在有效期内，未经受益人及有关当事人的同意，开证行不得片面修改和撤销，只要受益人提交的单据符合信用证规定，开证行必须履行付款义务。这种信用证对受益人较有保障，在国际贸易中，使用最为广泛。凡是不可撤销信用证，在信用证中应注明"不可撤销"（Irrevocable）字样，并载有开证行保证付款的文句。

2. 可撤销信用证（Revocable L/C）

可撤销信用证是指开证行对所开信用证不必征得受益人或有关当事人的同意有权随时撤销或修改的信用证。凡是可撤销信用证，应在信用证上注明"可撤销"（Revocable）字样，以资识别。这种信用证对出口人极为不利，因此出口人一般不接受这种信用证。需要指出的是，开证银行撤销或修改可撤销信用证的权利，并非漫无限制。按《UCP 500》规定，只要受益人依信用证条款规定已得到了议付、承兑或延期付款保证，该信用证便不能被撤销或修改。也就是说，只要可撤销信用证已先被受益人利用，则开证银行撤销或修改通知便不发生效力。鉴于国际上开立的信用证，绝大部分都是不可撤销的，因此，《UCP 500》中规定，如信用证中未注明"不可撤销"或"可撤销"的字样，应视为不可撤销信用证。

（三）保兑信用证和不保兑信用证

按有没有另一银行加以保证兑付，信用证可分为保兑的和不保兑的信用证。

1. 保兑信用证（Confirmed L/C）

保兑信用证是指开证行开出的信用证，由另一银行保证对符合信用证条款规定的单据履行付款义务。对信用证加保兑的银行，叫作保兑行（Confirming Bank）。

按《UCP 500》规定，信用证一经保兑，即构成保兑行在开证行以外的一项确定承诺。保兑行与开证行一样承担付款责任，保兑行是以独立的"本人"（Principal）身份对受益人独立负责，并对受益人负首先付款责任。保兑行付款后对受益人或其他前手无追索权。

信用证的"不可撤销"是指开证行对信用证的付款责任。"保兑"则是指开证行以外的银行对信用证的付款责任。不可撤销的保兑的信用证，则意味着该信用证不但有开证行不可撤销的付款保证，而且还有保兑行的兑付保证。两者的付款人都是负第一性的付款责任。所以，这种有双重保证的信用证对出口商最为有利。

2. 不保兑信用证（Unconfirmld L/C）

不保兑信用证是指开证银行开出的信用证没有经另一家银行保兑。当开证银行资信较好或成交金额不大时，一般都使用这种不保兑的信用证。

（四）即期付款信用证、延期付款信用证、承兑信用证和议付信用证

按付款方式的不同，信用证可分为即期付款信用证、延期付款信用证、承兑信用证和议付信用证。

1. 即期付款信用证（Sight Payment L/C）

即期付款信用证是指采用即期兑现方式的信用证，证中通常注明"付款兑现"（Available by Payment）字样。即期付款信用证的付款行可以是开证行，也可以是出口地的通知行或指定的第三国银行。付款行广经付款，对受益人均无追索权。以出口地银行为付款人的即期付款信用证的交单到期地点在出口地，便于受益人交单取款，可以及时取得资金。所以，这种信用证对受益人最为有利。而付款行为开证行本身或第三国银行，交单到期地点通常规定在付款行所在地，受益人要承担单据在邮寄过程中遗失或延误的风险。

2. 延期付款信用证（Deferred Payment L/C）

延期付款信用证是指开证行在信用证中规定货物装船后若干天付款，或开证行收单后若干天付款的信用证。延期付款信用证不要求出口商开立汇票，所以出口商不能利用贴现市场资金，只能自行垫款或向银行借款。

3. 承兑信用证（Acceptance L/C）

承兑信用证是指付款行在收到符合信用证规定的远期汇票和单据时，先在汇票上履行承兑手续，等汇票到期日再行付款的信用证。按《UCP 500》规定，开立信用证时不应以申请人作为汇票的付款人。承兑信用证的汇票付款人可以是开证行或其他指定的银行，不论由谁承兑，开证行均负责该出口方汇票的承兑及到期付款。由于承兑信用证是以开证行或其他银行为汇票付款人，故这种信用证又称为银行承兑信用证（Banker'Acceptance L/C）。

4. 议付信用证（Negotiation L/C）

议付信用证是指开证行允许受益人向某一指定银行或任何银行交单议付的信用证。议付是指由议付行对汇票和（或）单据付出对价。只审单据而不支付对价，不能构成议付。议付信用证又可分为公开议付信用证和限制议付信用证。

（1）公开议付信用证（Opn Negotiation L/C）又称自由议付信用证（Freely Negotiation L/C），是指开证行对愿意办理议付的任何银行做公开议付邀请和普遍付款承诺的信用证，即指任何银行均可按信用证条款自由议付的信用证。

（2）限制议付信用证（Restricted Negotiation L/C）是指开证银行指定某一银行或开证行本身自己进行议付的信用证。

公开议付信用证和限制议付信用证的到期地点都在议付行所在地。这种信用证经议付后，如因故不能向开证行索得票款，议付行有权对受益人行使追索权。

（五）即期信用证和远期信用证

根据付款时间的不同，信用证可分为即期信用证、远期信用证和假远期信用证。

1. 即期信用证（Sight L/C）

即期信用证是指开证行或付款行收到符合信用证条款的跟单汇票或装运单据后，立即履行付款义务的信用证。这种信用证的特点是出口人收汇迅速、安全，有利于资金周转。

在即期信用证中，有时还加列电汇索偿条款（T/T Reim-bursement Clause）。这是指开证行允许议付行用电报或电传等方式通知开证行或指定付款行，说明各种单据与信用证要求相符，开证行或指定付款行应立即用电汇将货款拨交议付行。因此，带有电汇索偿条款的信用证，出口方可以加快收回货款。付款后如发现单据与信用证规定不符，开证行或付款行有行使追索的权利。这是因为此项付款是在未审单的情况下进行的。

2. 远期信用证（Usance L/C）

远期信用证是指开证行或付款行收到信用证的单据时，在规定期限内履行付款义务的信用证。远期信用证主要包括承兑信用证（Acceptance L/C）和延期付款信用证（Deferred Payment L/C）。

3. 假远期信用证（Usance L/c Payable at sight）

假远期信用证的特点是，信用证规定受益人开立远期汇票，由付款行负责贴现，并规定一切利息和费用由进口人负担。这种信用证表面上看是远期信用证，但从上述条款规定来看，出口人却可以即期收到十足的货款，因而习惯上称为"假远期信用证"。这种假远期信用证对出口人而言，实际上仍属即期收款，但对进口人来说，要承担承兑费和贴现费。因此人们把这种信用证又称为买方远期信用证（Buyer's Uscance L/C）。

进口商开立假远期信用证可以套用付款行的资金，并可摆脱某些进口国家外汇管制法令上的限制。

假远期信用证与远期信用证的区别，主要有以下几点：

（1）开证基础不同。假远期信用证以即期付款的贸易合同为基础，而远期信用证以远期付款的贸易合同为基础。

（2）信用证的条款不同。假远期信用证中有"假远期"条款，而远期信用证中只有利息由谁负担条款。

（3）利息的负担者不同。假远期信用证的贴现利息由进口商负担，而远期信用证的贴现利息由出口商负担。

（4）收汇时间不同。假远期信用证的受益人能即期收汇，而远期信用证要等汇票到期才能收汇。

（六）可转让信用证和不可转让信用证

根据受益人对信用证的权利可否转让，分为可转让信用证和不可转让信用证。

1. 可转让信用证（Transferable Credit）

可转让信用证是指信用证的受益人（第一受益人）可以要求授权转让的银行将信用证全部或部分转让给一个或数个受益人（第二受益人）使用的信用证。

根据《UCP 500》的规定，只有注明"可转让"（Transferable ）字样，信用证方可转让。可转让信用证只能转让一次，信用证允许分批装运/支款，在总和不超过信用证金额的前提下，可分别按若干部分办理转让，即可转让给几个第二受益人。信用证只能按原证规定条款转让，但信用证金额、单价、到期日、交单日及最迟装运日期可以减少或缩短，保险加保比例可以增加，信用证申请人可以变动。信用证在转让后，第一受益人有权以自身的发票和汇票替换第二受益人的发票和汇票，其金额不得超过信用证规定的原金额。在替换发票和汇票时，第一受益人可在信用证项下取得自身发票和第二受益人发票之间的差额。另外，信用证的转让并不等于合同的转让，如第二受益人不能按时履行义务，第一受益人仍要对合同的履行负责。在实际业务中，要求开立可转让信用证的第一受益人，通常是中间商，为了赚取差额利润，中间商可将信用证转让给实际供货人，出供货人办理出运手续。

2. 不可转让信用证（Non-transferable Credit）

不可转让信用证是指受益人不能将信用证的权利转让给他人的信用证。凡信用证中未注明"可转让"（Transferable）者，就是不可转让信用证。

（七）循环信用证（Revolving Credit）

循环信用证是指信用证被全部或部分使用后，其金额又恢复到原金额，可再次使用，直至达到规定的次数或规定的总金额为止。

循环信用证又分为按时间循环信用证和按金额循环信用证。

1. 按时间循环的信用证是受益人在一定的时间内可多次支取信用证规定的金额。

2. 按金额循环的信用证是信用证金额议付后，仍恢复到原金额可再次使用，直至用完规定的总额为止。具体做法有三种：

（1）自动式循环信用证。即每期用完一定金额，不需要等待开证行的通知，即可自动恢复到原金额。

（2）非自动循环信用证。即每期用完一定金额后，必须开证行通知到达，信用证才恢复到原金额继续使用。

（3）半自动循环信用证。即每次支款后若干天内，开证行未提出停止循环使用的通知，自第×天起即可自动恢复至原金额。

循环信用证与一般信用证的不同之处就在于：一般信用证使用后即告失效，而循环信用证则可多次循环使用。

循环信用证的优点在于：进口方可以不必多次开证从而节约开证费用，同时也可简化出口方的审证、改证等手续，有利于合同的履行。所以，循环信用证一般在分批均匀交货的情况下采用。

（八）对开信用证（Reciprocal Credit）

对开信用证是指两张信用证的开证申请人互以对方为受益人而开立的信用证。对开信用证的特点是第一张信用证的受益人（出口人）和开证申请人（进口人）就是第二张信用证的开证申请人和受益人，第一张信用证的通知行通常就是第二张信用证的开证行。两张信用证的金额相等或大体相等，两证可同时互开，也可先后开立。对开信用证多用于对销贸易或加工贸易。

（九）对背信用证（Back to Back Credit）

对背信用证又称转开信用证，是指受益人要求原证的通知行或其他银行以原证为基础，另开一张内容相似的新信用证。对背信用证的受益人可以是国外的，也可以是国内的，对背信用证的开证银行只能根据不可撤销信用证来开立。对背信用证的开立通常是中间商转售他人货物，从中图利，或两国不能直接办理进出口贸易时，通过第三者以此种方法来沟通贸易。

总之，信用证的种类繁多，交易双方应根据交易具体情况合理选择，并在合同中做出明确的规定。

信用证的开证形式主要有信开和电开两种。信开是指开证行采用印刷的信函格式开立信用证正本一份和副本若干份，航空邮寄给通知行。这种形式现在已经很少使用。电开是指开证行将信用证内容加密押后，通过电报、电传、传真等电信工具将信用证传达给通知行。电开包括简电、全电和 SWIFT 信用证。其中，SWIFT 信用证是采用 SWIFT 系统开出的信用证。采用 SWIFT 信用证，必须遵守《SWIFT 使用手册》的规定，而且信用证必须遵照国际商会制定的《UCP600》的规定。这种信用证具有标准化和格式化的特点，而且传送速度快、成本低，现已被西北欧、美洲和亚洲等国家和地区的银行广泛使用。我国银行的电开信用证或收到的信用证电开本中，SWIFT 信用证占了很大比例。

2.4.3 信用证审证要点

信用证是一种银行开立的有条件的承诺付款的书面文件。买方开立的信用证是以成交合同为基础和前提的。然而，信用证又是独立于成交合同的，因此，首先要了解和熟悉有关合同的各项内容，才能够迅速、准确地将证审好，并在最短的时间内发现证中的错误，及时通知开证人修改。信用证的条款繁多，各证又不尽相同，我们审证就可以采取"提纲挈领"的方法，针对要点进行审核和判断，不使信用证的内容有所遗漏。

将信用证所有的条款归纳起来，一般有下面几项内容：

1. 信用证性质及有效性

按照开证程序来看，有开证人、开证行、通知行、受益人，这是与本证有关系的四个方面，还有信用证的性质和编号。这里所说的"性质"是针对是否为"跟单"信用证和是否为"不可撤销"的信用证这两点而言的。

信用证存在暂不生效或变相可撤销条款问题。表现在要凭开证申请人确认样品后信用证才能生效或要等开证申请人得到进口许可证后再通知生效。此条款对见证投产带来的困难一是装期紧；二是尚未生效，生产难安排，出运有困难。

信用证效期的国外到期问题。一是转让信用证基本都规定国外到期；二是不少开证行规定自己是议付行，只考虑其自身安全，对受益人造成风险和不便。

转让信用证虽投保出口信用险，但有些条款最终出现不符，使信用险失去保障作用。

背对背信用证引用转让信用证的免责条款，表明是形式上的背对背信用证，实质上的转让信用证。

信用证规定，单据议付需凭开证行另行通知，方可议付。这表明信用证尚未生效。

信用证条款多处自相矛盾，难以操作。这表明信用证无法正常执行，必须立即修正。

备用信用证规定开证行付款必须提供开证申请人的检货合格证书的回折，否则不予付款。该条款完全违背《UCP500》和《ISD98》关于备用信用证开证行对受益人承担无条件付款的义务。如果开证申请人提货后，始终不提供检货回执，受益人就无法得到款项。

部分信用证由于电汇部分的款项不到位，货物装船出运，容易被客户仅支付信用证项下款项就取得单据，提走整个款项的货物。

信用证转让达"四次"，最后变成应得款项转让书（Assignment of Proceeds 或 Assignment of Claims）。这时境外转让信用证的最终受让人（Assignee）不便于或无法再将转让信用证出让（Transfer）给外贸公司，只得用应得款项转让书代替转让信用证。外贸公司在转让书中的关系人相当于供应商，境外受让人即转让信用证最终受益人变为出口商。外贸公司需获款项必须满足两点要求：①议付单据符合转让信用证；②当转让信用证第一、第二或最终受益人得到款项后才能部分转让给外贸公司。如果议付单据不符合信用证规定或最终受益人未获得款项，外贸公司也将不获付款，而且退单也很困难，因为这里有一个免费放单环节，出具应得款项转让书的银行要求外贸公司同意免费放单给转让信用证最终受益人，由他持全套单据在转让信用证通知行办理议付。外贸公司不同意免费放单就无法进入信用证议付程序，因此对外贸公司来说风险很大。

2. 信用证的金额和发货数量。这二者要一致，要注意币制和金额是否正确。

3. 信用证的"单据"条款。要审查信用证所要求的单据，是否可以出具，有无错误，是否与有关规定相抵触。需注意以下几点：

信用证规定议付用非货权凭证（如：CARGO RECEIPT）或空运单等，货权难控制。

1/3 或 2/3 或 3/3 提单自寄客户条款，投保信用险后，因其他条款出现不符构成信用险失效，只好放弃自寄提单，担保不符。

FOB 价格条款项下的指定货代或指定国外船公司，造成货权失去控制。

信用证规定指定货代出具联运提单。当一程海运后，二程境外改空运，收货人有可能不凭正本联运提单提货。

提单收货人、通知人、装期、目的港凭开证行另行通知，造成出运时非常被动。

信用证规定受益人在货物装船后如不及时寄 1/3 提单，开证申请人将不寄客检证，使受益人难以议付单据。

信用证规定需提供客检证。既有一般客检证的问题，即无附加条件的客检证；也有特殊客检证问题，即由开证申请人指定人签发，且签字要与银行留底文件或指定验货人的护照或证书上的签字一致。开证人很容易通过这条提出不符点。

信用证显示"Insurance policy covering all risks of loss or damages whatsoever causes arising"，此条款要求综合险或不论什么原因引起的损失都在赔付范围，这不符合保险合同条款规定，保险公司不可能出具带有这样条款的保单。

4. 信用证项下应发的货物。要注意合约号、货名、规格以及包装等要求。

5. 信用证的运输条款。包括：装运期、装运口岸、到货口岸以及运输方式等。

6. 信用证的议付条款。这是指议付方法及开证人对受益人的支付保证条款。这个条款是对银行方面的业务而言的。

7. 信用证的特殊条款。这是指除上述条款以外，根据每笔业务的不同制定的条款。条款的内容往往比较复杂，审证时应特别注意，尤其要当心软条款。注意以下几点：

有客户利用加工贸易为其推销来料、来件等。然后在开出信用证时掺和无法与单据相符的软条款，以信用证不符为由拒付或扣减工缴费或成品款。

信用证规定通关验货须先免费放单或无单放货给开证申请人。

信用证规定受益人迟发货将被罚款，最高罚款比例是信用证金额的 10%，最低也要 3%。该条款规定出运的时间是强制性的，延误就要遭罚款。这种条款要去掉，因为出运不及时的因素很多，有的难以避免。客户抱怨可以理解，但要符合国际惯例、规范行事，如果不删除这种条款，一旦接受或忽略，操作不慎未赶上装期，客户就能通过开证行扣款处罚。不过也该检查一下，在供货环节上是否真的存在问题，不然客户不会使用如此严厉的处罚。

2.5 实验内容

2.5.1 信用证开立及审核

1. 步骤

登录练习系统→查看我的练习→选择习题→进入答题→完成实验报告。见图 2.1。

图 2.1 信用证审核练习界面

2. 注意事项

根据题目中所给的参考资料（点击页面的查看按钮），一般将给出合同与信用证，依据合同检查信用证后填写信用证审核单。以下为信用证审核单范例：

信用证审核单

审证结果：

1. INSURANCE POLICY COVERING ALL RISKS AND WAR RISKS FOR 120% IN-VOICE VALUE …

投保加成超出合同规定，120% 应改为 110%。

2. EVIDENCING SHIPMENT OF MUSHROOMS（CHAMPIGNONS）

商品名称漏写 CANNED，应改为 EVIDENCING SHIPMENT OF CANNED MUSHRO-OMS（CHAMPIGNONS）。

3. TO BE SHIPPED FROM SHANGHAI TO HAMBUG WITHIN 15 DAYS AFTER RE-CEIPT OF THIS CREDIT.

此处有两处错误：

（1）目的港：HAMBUG 有误，应改为 HAMBURG。

（2）15 天交单期与合同规定不符，应为 21 天交单。

4. 此份信用证中未标明"按《UCP500》条款办理"，应要求对方加上。

2.6 实验思考题

1. 信用证的主要内容是什么？

2. 填写开证申请书的注意事项有哪些？

3. 信用证的审核要点有哪些？

实验项目三　商业发票及装箱单的填制

3.1　实验目的

熟练掌握商业发票和装箱单的用途、内容和填制技巧。

3.2　实验使用的仪器设备（软件）

南京世格外贸练习系统（Training）。

3.3　实验要求

1. 回顾相关理论，明确商业发票及形式发票的相关用途，并掌握商业发票、装箱单的单据格式等基本内容。

2. 通过案例题目的动手操作，掌握单据填制方法。

3. 完成实验报告，记录重点步骤。

3.4　实验理论基础

3.4.1　发票的种类

进出口业务中涉及的发票主要是商业发票。除此之外，在实际工作中，常会碰到要求提供各种不同类型发票的情况，这些发票从性质、作用方面来说，与商业发票有所不同，但往往与商业发票有一定联系。

（1）商业发票

商业发票简称发票，是出口方对进口方开立的国际货物买卖合同项下的货物价目清单及整个交易过程中对出口货物的总体说明。在国际货物买卖单证实务中，商业发票是制单过程的核心单据，也是制作和申领其他相关单据的基础，因此商业发票是应该最早制作的单据，其他单据均要与其在内容上保持一致。

商业发票的主要作用是提供进口商凭以收货、支付货款和进出口商报关、报税、申请其他官方单据等各项业务的依据。发票包含了以价格为中心的买卖合同的几个要素，包括品质条款、数量条款、价格条款、包装条款。进口国一般把商业发票作为征收进口关税的基本资料。另外商业发票还常常作为卖方陈述、申明、证明和提示某些事宜的书面文件。

（2）海关发票

海关发票是进口国海关制定的一种固定的发票格式，要求卖方填制，供买方凭以报关。进口国要求提供这种发票，主要是作为估价完税或征收差别待遇关税或反倾销税的依据；此外，还供编制统计资料之用。

（3）形式发票

出口商有时应进口商的要求，发出一份列有出售货物的名称、规格、单价等内容的非正式参考性发票，供进口商向其本国贸易管理当局或外汇管理当局等申请进口许可证或批准给予外汇等用，这种发票叫作形式发票。形式发票不是一种正式发票，不能用于托收和议付，它所列的单价等，也仅仅是出口商根据当时情况所做的估计，对双方都无最终约束力，所以说形式发票只是一种估计单，正式成交后还要另外重新开具商业发票。

形式发票与商业发票的关系密切，信用证在货物描述后面常有"按照某月某日之形式发票"等条款，对此援引只要在商业发票上打明"AS PER RPROFOMA INVOICE NO... DATED..."即可。假如来证附有形式发票，则形式发票成为信用证的组成部分，制单时要按形式发票内容全部打上。

（4）领事发票

有些国家法令规定，进口货物必须要领取进口国在出口国领事签证的发票，作为有关货物征收进口关税的前提条件之一。领事发票和商业发票是平行的单据。领事发票是一份官方的单证，有些国家规定了领事发票的固定格式，这种格式可以从领事馆获得。

在实际工作中，比较多的情况是有些国家来证规定由其领事在商业发票上认证，认证的目的是证实商品的确实产地。认证要收取认证费。在计算出口价格时，应将这部分费用考虑进去。关于信用证上发票认证条款的内容，不同国家有不同的要求，是否必须认证需视具体条款而定。

（5）厂商发票

厂商发票是厂方出具给出口商的销售货物的凭证。来证要求提供厂商发票，其目的是检查是否有削价倾销行为，以便确定应否征收"反倾销税"。

（6）样品发票

出口商为了说明商品的品质、规格、价格，在交易前发送实样，以便客户挑选。此种样品发票不同于商业发票，只为便于客户了解商品的价值、费用等，便于向市场推销，便于报关取样。样品发票的收款，有的不收、有的减半、有的全收。不论何种情况，都应在发票上注明，至于是向客户直接收取、要求汇款偿付，还是通过银行托收，根据不同商品、不同贸易情况而定。对应收样品款项要随时检查催收。

3.4.2 商业发票的作用

发票是卖方向买方开立的，对所交货物的总说明是一张发货价目清单。进口商凭发票核对货物及了解货物的品质、规格、价值等情况，它是进出口商记账与核算的依据。在没有汇票时，出口商可凭发票向进口商收款。发票是报关纳税的基本依据，也是实施其他管理的基础。须说明的是，发票在作为结汇单据前，即货物出运时，还有以下作用：

1. 作为国际商务单据中的基础单据，是缮制报关单、产地证、报检单、投保单等其他单据的依据。

2. 作为报关、报检单据的组成部分。在出运过程中，报检单、报关单都需要附上发票才能起到相应的作用。而在作为结汇单证之后，发票还有核销外汇的作用，收到外汇后，办理核销时需提供发票。

3.4.3 商业发票的一般内容

商业发票由出口企业自行拟制，无统一格式，但基本栏目大致相同。分首文、本文和结文三部分。首文部分包括发票名称、号码、出票日期及地点、抬头人、合同号、运输线路等。本文部分包括货物描述、单价、总金额、唛头等。结文部分包括有关货物产地、包装材料等各种证明句、发票制作人签章等。

从本质上讲，发票是进出口商在国际贸易经济业务中的会计原始凭证，所以发票的具体内容是以原始会计凭证的基本内容为基础的。它包括以下具体内容：

1. 出票人的名称，即出口商的名称和详细地址、电话、传真等。

2. 单据的名称，即"商业发票"（Commercial Invoice）或"发票"（Invoice）字样。发票的名称应与信用证规定的一致。如果信用证要求是"Certified Invoice"或"Detailed Invoice"，则发票的名称也应这样显示。另外在发票的名称中不能有"临时发票"（Provisional Invoice）或"形式发票"（Proforma Invoice）等字样出现。

3. 制单的日期及制单的基础信息，包括发票的制单日期、发票号码、合约号等。

4. 发票接受方的名称，即发票的抬头人，发票上必须明确显示发票抬头人即付款人的名称、地址，通常情况下抬头人为进口商，信用证方式下为开证申请人。

5. 有关此笔经济业务的内容摘要包括：

（1）货物描述。注明货物的名称、品质、规格及包装状况等内容。

（2）货物的起运地、目的地。如有转运可标明。

（3）唛头。唛头是货物的识别标志，运输企业在装卸、搬运时，根据唛头来识别货物，作为交货清单的发票，必须正确显示这一装运标志。唛头一般包括收货人简标、合同号、目的港、件号等。

6. 数量和金额。在出口发票上必须明确显示数量、单价、总值和贸易术语（价格条款），包括数量及数量单位、计价货币名称、具体价格数。有时还须列出佣金、折扣、运费、保费等。

7. 出票方企业的名称、签发人盖章或签字。一般将这些内容打在发票的右下方。

8. 其他内容，包括该笔业务相关的特定号码、证明句等。如在发票商品描述下方空白处注明买方的参考号、进口证号、信用证号以及货物产地、出口商关于货物制造、包装、运输等方面的证明。

3.4.4 装箱单、重量单和尺码单

我国出口企业不仅在出口报关时需要提供装箱单、重量单和尺码单，信用证往往也将此类单据作为结汇单据之一。实际上，装箱单、重量单和尺码单是商业发票的一种补充单据，是商品的不同包装规格条件、不同花色和不同重量逐一分别详细列表说明的一种单据。它是买方收货时核对货物的品种、花色、尺寸、规格和海关验货的主要依据。

装箱单用来表明装箱货物的名称、规格、数量、唛头、箱号、件数、重量以及包装情况。如果是定量装箱，每件都是统一的重量，则只需说明总件数多少，每箱多少

重量，合计多少重量。如果来证条款要求提供详细装箱单，则必须提供尽可能详细的装箱内容，包括商品的货号、色号、尺寸搭配、毛净重及包装的尺码等。

重量单：除装箱单上的内容外，尽量清楚地表明商品每箱毛净重及总重量的情况供买方安排运输、存仓时参考。

尺码单：说明货物每件的尺码和总尺码，即在装箱单内容的基础上再重点说明每件不同规格项目的尺码和总尺码。如果不是统一尺码应逐件说明。

3.5 实验内容

3.5.1 填制商业发票

1. 步骤

登录练习系统→查看我的练习→选择习题→进入答题→完成实验报告。见图3.1。

图3.1 商业发票填制练习界面

2. 注意事项

出票人（Issuer）：填写出票人（即出口商）的名称和地址，在信用证支付方式下，应与信用证受益人的名称和地址保持一致。

一般来说，出票人名称和地址是相对固定的，因此有许多出口商在印刷空白发票时就印刷上这一内容。但公司更名或搬迁后，应及时印刷新的发票，以免造成单证不符。当来证规定用公司新名称、新地址时，采用新发票；而当来证规定用公司旧名称、旧地址时，应用旧发票。

受票人（To）：发票的抬头人。L/C的开证申请人按L/C规定详细填写名称、地址。如L/C打错或不全，只能将错就错，后加括号加以更正。

在其他支付方式下，可以按合同规定列入买方地址。

运输说明（Transport Details）：填写运输工具或运输方式，一般还加上运输工具的名称，运输航线要严格与信用证一致。如果在中途转运，在信用证允许的条件下，应表示转运及其地点。

例如：Shipment From Shanghai Port To Montreal Port By Sea.

支付条款（Term of Payment）：填写交易付款方式。如：L/C、D/P、D/A、T/T。

标记号码（Marks and Numbers）：填写运输标志，既要与实际货物一致，还要与提单一致，并符合信用证的规定。如信用证没有规定，可按买卖双方和厂商订的方案或由受益人自定。无唛头时，应注"N/M"或"No Mark"；如为裸装货，则注明"NAKED"或散装"In Bulk"；如来证规定唛头文字过长，用"/"将独立意思的文字彼此隔开，可以向下错行，即使无线相隔，也可酌情错开。

货物描述、包装种类和件数（Number and Kind of Packages，Description of Goods）：这是发票的主要部分，包括商品的名称、规格、包装、数量、价格等内容。如果信用证规定了货物名称或描述，原则上应照抄，不得随意增减、前后文字颠倒或篡改。货物的数量应该与实际装运货物相符，同时符合信用证的要求，如信用证没有详细的规定，必要时可以按照合同注明货物数量，但不能与来证内容有抵触。

根据《UCP500》规定，发票的商品名称不得使用统称，必须完全与信用证相符。有些国家开来的信用证中，商品名称以英语以外的第三国文字表述（如法文、德文、西班牙文等），则发票（包括其他单据）亦应严格按信用证以该文字照抄。尤其是法国来证，法国海关要求收货人进口清关时必须提供法文发票，因此应至少以法文注明商品名称。

数量（Quantity）：其指实际装运的货物数量而非包装件数，若有不同品种、不同价格，应分项列明。有些按重量计的货物，在制单时应排除不合标准的计量方法，按信用证规定的计量单位填制。其他支付方式下，按合同规定的计量单位填制。

单价（Unit Price）：如果信用证有规定，应与信用证保持一致；如果信用证没规定，则应与合同保持一致。

金额小计（Amount）：单价和数量相乘得到货物金额小计，除非信用证上另有规定，货物总值不能超过信用证金额。若信用证没规定，则应与合同保持一致。

金额总计（Total Amount）：填写"Amount"项的加总，该项由币别和金额两部分组成，本系统将币别与金额分别列出，使用者在填写此项时，注意第一列填币别，第二列填金额。例如：USD 1000。

提示：若找不到这两列的输入位置，可将鼠标移开（此时鼠标形状为箭头）并点击任意处，再同时按住键盘的 Ctrl 键和 A 键，如此可查看输入区域；或者，鼠标点击该项的空白处（此时鼠标形状为箭头），按键盘 Tab 键也可切换到输入位置。

注意：①币别须与信用证、合同的币别相符。

②数额间不能以千分号"，"做分隔。

Say Total：填写金额总计项（Total Amount）的英文大写。例如：U. S. DOLLAR ONE THOUSAND ONLY 或 USD ONE THOUSAND ONLY。

注意：英文大写前面加币别，整数以"ONLY"结尾。

3.5.2　填制装箱单

1. 步骤

登录练习系统→查看我的练习→选择习题→进入答题→完成实验报告。见图 3.2。

图 3.2　商业发票填制练习界面

2. 注意事项

出单方（Issuer）：出单人的名称与地址，应与发票的出单方相同。在信用证支付方式下，此栏应与信用证受益人的名称和地址一致。

受单方（To）：受单方的名称与地址，与发票的受单方相同。多数情况下填写进口商的名称和地址，并与信用证开证申请人的名称和地址保持一致。

数量（Quantity）：指实际装运的货物数量而非包装件数，若有不同品种、不同价格，应分项列明。有些按重量计的货物，在制单时应排除不合标准的计量方法，按信用证规定的计量单位填制。在其他支付方式下，按合同规定的计量单位填制。

包装件数（Package）：填写每种货物的外包装件数，可通过产品的规格描述来计算，最后在合计栏（Total）处注明外包装总件数。

例 1：商品 03001（三色戴帽熊），规格描述是每箱装 60 只。如果销售数量（Quantity）是 9 120 只，则包装件数（Package）= 9 120÷60 = 152（箱）。

例 2：商品 01006（蓝莓罐头），规格描述是每箱 12 瓶。如果销售数量是 2 000 箱，则包装件数 = 2 000 箱；如果销售数量是 2 000 瓶，则包装件数 = 2 000÷12 = 167（箱）。

提示：在计算外包装件数时，应注意包装单位和销售单位是否相同。如果不同，则要查询商品的规格描述（如每箱可装多少），以正确计算出外包装件数，不足 1 件的计为 1 件。

毛重（G.W）：注明该项货物的总毛重，最后在合计栏（Total）处填写各项总毛重之和，不足 1 公斤的计为 1 公斤。

在计算毛重时，对销售单位和包装单位相同的产品，可直接用交易数量×每箱的毛重；对销售单位和包装单位不同的产品，须先根据规格描述计算出单件的毛重，再根据交易数量计算总毛重。

例1：玩具类产品03001项，销售单位是PC（件），包装单位是CARTON（箱），规格描述显示是每箱装60只，每箱毛重11公斤。如果交易数量为1 000只，试计算总毛重。

解：单件的毛重 = 11÷60 = 0.183 333（公斤）

总毛重 = 0.183 333×1 000 = 183.333 ≈ 184（公斤）

例2：食品类产品01001项，销售单位是CARTON（箱），包装单位也是CARTON（箱），每箱毛重8.976公斤。如果交易数量为2 000只，试计算总毛重。

解：总毛重 = 2 000×8.976 = 17 952（公斤）

注意：因该类产品销售单位和包装单位相同，故计算时不考虑规格描述的内容。

净重（N.W）：注明该项货物的总净重，最后在合计栏（TOTAL）处填写各项总净重之和，不足1公斤的计为1公斤。

在计算净重时，对销售单位和包装单位相同的产品，可直接用交易数量×每箱的净重；对销售单位和包装单位不同的产品，应先根据规格描述计算出单件的净重，再根据交易数量计算总净重。

例1：玩具类产品03001项，销售单位是PC（件），包装单位是CARTON（箱），规格描述显示是每箱装60只，每箱净重9公斤。如果交易数量为1 000只，试计算总净重。

解：单件的净重 = 9÷60 = 0.15（公斤）

总净重 = 0.15×1 000 = 150（公斤）

例2：食品类产品01001项，销售单位是CARTON（箱），包装单位也是CARTON（箱），每箱净重8.16公斤。如果交易数量为2 000只，试计算总净重。

解：总净重 = 2 000×8.16 = 16 320（公斤）

注意：因该类产品销售单位和包装单位相同，故计算时不考虑规格描述的内容。

体积（Meas.）：先根据商品资料中的包装尺寸算出该项货物每箱的包装体积，再根据包装箱数和每箱的体积算出该项货物的包装总体积，最后在下方的合计栏（Total）处填写各项总体积之和。

在计算体积时，对销售单位和包装单位相同的产品，可直接用交易数量×每箱的体积；对销售单位和包装单位不同的产品，须先根据规格描述计算出包装箱数，再计算总体积（包装箱数有小数点时，必须进位取整箱）。

例1：玩具类产品03001项，销售单位是PC（件），包装单位是CARTON（箱），规格描述显示是每箱装60只，包装尺寸是72×76×30（cm）。如果交易数量为1 000只，试计算总体积。

解：每箱体积 = 0.72×0.76×0.30 = 0.164 16 ≈ 0.164（立方米）

包装箱数 = 1 000÷60 = 16.66（取整17箱）

总体积 = 17×0.164 = 2.788（立方米）

例2：食品类产品01001项，销售单位是 CARTON（箱），包装单位也是 CARTON（箱），每箱包装尺寸是 42×14×16（cm）。如果交易数量为2 000只，试计算总体积。

解：每箱体积＝0.42×0.14×0.16＝0.009 408≈0.009 4（立方米）

总体积＝2 000×0.009 4＝18.8（立方米）

注意：因该类产品销售单位和包装单位相同，故计算时可不考虑规格描述的内容。

Total：商品明细的合计，包括总包装件数（Package）、总毛重（G. W）、总净重（N. W）、总体积（Meas）。

其中，"Package"项由包装件数和包装单位两部分组成，使用者在填写此项时，注意第一列填包装数量，第二列填包装单位。

Say Total：填写总包装件数（Package）的英文大写。例如：ONE THOUSAND SEVEN HUNDRED CARTONS ONLY。

注意：英文大写中要注明包装单位（如 CARTONS）。

3.6　实验思考题

1. 制单的依据是什么？制单的原则是什么？
2. 商业发票在全套单据中的作用和地位是什么？
3. 装箱单的主要作用是什么？

实验项目四　出口货物明细单与提单的填制

4.1　实验目的

了解 Training 软件的基本功能，熟练掌握出口货物明细单和提单的意义、内容和填制技巧。

4.2　实验使用的仪器设备（软件）

南京世格外贸练习系统（Training）。

4.3　实验要求

1. 回顾相关理论，明确国际货物运输一般程序及提单在国际贸易流程中的意义所在，并掌握出口货物明细单和提单的基本内容。
2. 通过案例题目的动手操作，掌握单据填制方法。
3. 完成实验报告，记录重点步骤。

4.4　实验理论基础

在进出口贸易中，货物由卖方交付给买方，都要经过一定的运输方式来完成。如何运输，要由合同的装运条款做出规定。装运条款通常要包括装运（或交货）时间、装运港（或装运地）、目的港（或目的地）、能否转运、能否分批装运、装运通知等有关内容。在签订合同时，买卖双方选择合适的运输方式，明确装运要求，才能保证合同的顺利履行。若约定不明，就会产生运输问题的纠纷。

4.4.1 国际货物运输的种类

国际货物运输包括海洋运输、铁路运输、公路运输、航空运输、邮政运输、管道运输、集装箱运输及国际多式联运等多种运输方式。这些运输方式都有各自的特点，在实际业务中，应根据贸易的具体情况做出合适的选择。

1. 国际海上货物运输

国际海上货物运输是指使用船舶通过海上航道在不同的国家和地区的港口之间运送货物的一种运输方式。国际海上货物运输的特点如下：

（1）运输量大。国际货物运输是在全世界范围内进行的商品交换，地理位置和地理条件决定了海上货物运输是国际货物运输的主要手段。国际贸易总运量的 75% 以上是利用海上运输来完成的，有的国家的对外贸易运输海运占运量的 90% 以上。主要原因是船舶向大型化发展（如 50 万~70 万吨的巨型邮船、16 万~17 万吨的散装船）以及集装箱船的大型化，船舶的载运能力远远大于火车、汽车和飞机。

（2）通过能力大。海上运输利用天然航道四通八达，不像火车、汽车要受轨道和道路的限制，因而其通过能力要超过其他各种运输方式。如果政治、经济、军事等条件变化，海上运输还可随时改变航线驶向有利于装卸的目的港。

（3）运费低廉。船舶的航道天然构成，船舶运量大，港口设备一般均为政府修建，船舶经久耐用且节省燃料，所以货物的单位运输成本相对低廉。据统计，海运运费一般约为铁路运费的 1/5、公路汽车运费的 1/10、航空运费的 1/30，这就为低值大宗货物的运输提供了有利的竞争条件。

（4）对货物的适应性强。上述特点使海上货物运输基本上适用于各种货物。如石油井台、火车、机车车辆等超重大货物，其他运输方式无法装运，船舶一般都可以装运。

（5）运输的速度慢。由于商船的体积大、水流的阻力大，加之装卸时间长等其他各种因素的影响，货物的运输速度比其他运输方式慢。较快的班轮航行速度也仅 30 海里/小时[①]左右。

（6）风险较大。由于船舶海上航行受自然气候和季节性影响较大，海洋环境复杂，气象多变，随时都有遇上狂风、巨浪、暴风、雷电、海啸等人力难以抗衡的海洋自然灾害，遇险的可能性比陆地、沿海要大。同时，海上运输还存在着社会风险，如战争、罢工、贸易禁运等因素的影响。为转嫁损失，海上运输的货物、船舶保险尤其应更加重视。

---

① 1 海里 = 1 852 米。

2. 国际铁路货物运输

铁路是国民经济的大动脉，铁路运输是现代化运输业的主要运输方式之一。它与其他运输方式相比较，具有以下主要特点：

(1) 铁路运输的准确性和连续性强。铁路运输几乎不受气候影响，一年四季可以不分昼夜地进行定期的、有规律的、准确的运转。

(2) 铁路运输速度比较快。铁路货运速度每昼夜可达几百公里，一般货车可达 100 千米/小时左右，远远高于海上运输。

(3) 运输量比较大。铁路一列货物列车一般能运送 3 000 ～ 5 000 吨货物，远远高于航空运输和汽车运输。

(4) 铁路运输成本较低。铁路运输费用仅为汽车运输费用的几分之一到十几分之一；运输耗油约是汽车运输的二十几分之一。

(5) 铁路运输安全可靠，风险远比海上运输小。

(6) 初期投资大。铁路运输需要铺设轨道、建造桥梁和隧道，建路工程艰巨复杂；需要消耗大量钢材、木材；占用土地，其初期投资大大超过其他运输方式。

另外，铁路运输由运输、机务、车辆、工务、电务等业务部门组成，要求具备较强的准确性和连贯性，各业务部门之间必须协调一致，这就要求在运输指挥方面实行统筹安排，统一领导。

3. 国际公路货物运输

公路运输（一般是指汽车运输）是陆上两种基本运输方式之一，在国际货物运输中，它是不可缺少的重要运输方式。公路货物运输与其他运输方式相比较，具有以下特点：

(1) 机动灵活、简捷方便、应急性强，能深入到其他运输工具到达不了的地方。

(2) 适应点多、面广、零星、季节性强的货物运输。

(3) 运距短、单程货多。

(4) 汽车投资少、收效快。

(5) 港口集散可争分夺秒，突击抢运任务多。

(6) 是空运班机、船舶、铁路衔接运输不可缺少的运输形式。

(7) 随着公路现代化、车辆大型化的发展，公路运输是实现集装箱在一定距离内门到门运输的最好的运输方式。

(8) 汽车的载重量小，车辆运输时震动较大，易造成货损事故，费用和成本也比海上运输和铁路运输高。

4. 国际航空货物运输

国际航空货物运输虽然起步较晚，但发展极为迅速，这是与它所具备的许多特点分不开的。这种运输方式与其他运输方式相比，具有以下特点：

(1) 运送速度快。现代喷气运输机一般时速都在 900 英里（1 英里＝1.609 千米）左右，协和式飞机时速可达 1 350 英里。航空线路不受地面条件限制，一般可在两点间直线飞行，航程比地面短得多，而且运程越远，快速的特点就越显著。

(2) 安全准确。航空运输管理制度比较完善，货物的破损率低，可保证运输质量，如使用空运集装箱，则更为安全。飞机航行有一定的班期，可保证按时到达。

（3）手续简便。航空运输为了体现其快捷便利的特点，为托运人提供了简便的托运手续，也可以由货运代理人上门取货并为其办理一切运输手续。

（4）节省包装、保险、利息和储存等费用。由于航空运输速度快，商品在途时间短、周期快，存货可相对减少，资金可迅速收回。

（5）航空运输的运量小、运价较高。但是这种运输方式的优点突出，可弥补运费高的缺陷，加之保管制度完善、运量又小，货损货差较少。

5. 集装箱运输

集装箱运输是以集装箱作为运输单位进行货物运输的现代化运输方式，目前已成为国际上普遍采用的一种重要的运输方式。国际多式联运是在集装箱运输的基础上产生和发展起来的，一般以集装箱为媒介，把海上运输、铁路运输、公路运输和航空运输等传统单一运输方式有机地联合起来，来完成国际的货物运输。

（1）对货主而言，它的优越性体现在大大地减少了货物的损坏、偷窃和污染的发生；节省了包装费用；由于减少了转运时间，能够更好地对货物进行控制，从而降低了转运费用，也降低了内陆运输和装卸的费用，便于实现更迅速的门到门的运输。

（2）对承运人来说，集装箱运输的优点在于减少了船舶在港的停泊时间，加速了船舶的周转，船舶加速的周转可以更有效地利用它的运输能力，减少对货物的索赔责任等。

（3）对于货运代理来说，使用集装箱进行货物运输可以为他们提供更多的机会来发挥无船承运人的作用，提供集中运输服务、分流运输服务、拆装箱服务、门到门运输服务和联运服务。

但是集装箱运输也存在一定的缺点：

（1）受货载的限制，其航线上的货物流向容易不平衡，往往在一些支线运输中，出现空载回航或箱量大量减少的情况，从而影响了经济效益。

（2）需要大量投资，产生资金困难。

（3）转运不协调，造成运输时间延长，增加一定的费用。

（4）受内陆运输条件的限制，无法充分发挥集装箱运输门到门的运输优势。

（5）各国集装箱运输方面的法律、规章、手续及单证不统一，阻碍国际多式联运的开展。

6. 国际多式联运

国际多式联运的优点在于：

（1）手续简便，责任统一。

在国际多式联运方式下，货物运程不论多远，不论由几种运输方式共同完成货物运输，也不论货物在途中经过多少次转运，所有运输事项均由多式联运承运人负责办理。而货主只需办理一次托运，订立一份运输合同，支付一次运费，办理一次保险，并取得一份联运提单。与各运输方式相关的单证和手续上的麻烦被减少到最小程度。发货人只需与多式联运经营人进行交涉。由于责任统一，一旦在运输过程中发生货物灭失或损坏，由多式联运经营人对全程运输负责，而每一运输区段的分承运人仅对自己运输区段的货物损失承担责任。

（2）减少运输过程中的时间损失，使货物运输更快捷。

多式联运作为一个单独的运输过程被安排和协调运作，能减少在运转地的时间损失和货物灭失、损坏、被盗的风险。多式联运经营人通过他的通信联络和协调，在运转地各种运输方式的交接可连续进行，使货物更快速地运输，从而弥补了与市场距离远和资金积压的缺陷。

（3）节省了运杂费用，降低了运输成本。

国际多式联运使用了集装箱，集装箱运输的优点都体现在多式联运中，多式联运经营人一次性收取全程运输费用、一次性保险费用。货物装箱后装上运输工具后即可用联运提单结汇，有利于加快货物资金周转，减少利息损失。同时也节省了人、财、物资源，从而降低了运输成本。这有利于减少货物的出口费用，提高了商品在国际市场上的竞争能力。

（4）提高了运输组织水平，实现了门到门运输，使合理运输成为现实。

多式联运可以提高运输的组织水平，改善不同运输方式间的衔接工作，实现各种运输方式的连续运输，可以把货物从发货人的工厂或仓库运到收货人的内地仓库或工厂，做到了门到门的运输，使合理运输成为现实。

在当前国际贸易竞争激烈的形势下，货物运输要求速度快、损失少、费用低，而国际多式联运适应了这些要求。因此，国际商厂越来越多地采用多式联运。可以说，国际多式联运是当前国际货物运输的发展方向。我国地域辽阔，更具有发展国际多式联运的潜力。可以预料，随着我国内陆运输条件的改善，我国国际多式联运必将蓬勃地发展起来。

4.4.2 合同中的运输条款

运输条款是合同的重要内容。采用贸易术语和运输方式的不同，其对运输条款有不同的规定。一般来说，合同的运输条款包括装运时间、装运港、目的港、是否允许转船、是否允许分批装运、装运通知以及滞期、速遣条款等。

1. 装运时间（Time of Shipment）

装运时间又称装运期，是指卖方在起运地点装运货物的期限，是合同中的重要交易条件。合同对装运期的规定，原则上必须具体，毫不含糊。但由于运输中存在很多不可控制的因素，要保证在某一天装运货物是非常困难的，故一般要规定一定的期间。常见规定以某一特定行为作为装运前提。例如，合同规定：收到信用证45天内装运。在签订合同时，应注意装运时间、信用证开立时间及信用证到期日几个时间的前后顺序，既保证有充足的时间进行备货，还应有足够的时间制单结汇。

2. 装运港（地）和目的港（地）

装运港（地）是指货物开始装运的港口（地点）；目的港（地）是最终卸货的港口（地点）。装运港（地）通常为便利装货由卖方提出，经买方同意后确定；目的港（地）一般由买方提出，经卖方同意后确定。

3. 分批装运和转船

分批装运（Partial Shipment）是指一个合同项下的货物分若干批装运。买卖双方应根据成交数量、运输条件和市场需要等因素考虑是否允许分批装运，还应在订立合同中明确。

转船（Tran Shipment）是指货物装运后，在运输途中换装其他船舶运至目的港。能否允许卖方装运货物途中转船，在合同中，买卖双方也要订立明确，即"允许转船条款"。如果到目的港没有直达船或无合适的船，卖方在订立合同时应要求加入"允许转船条款"。

4. 装运通知

装运通知（Shipping Advice），又称装船通知，是买卖双方为互相配合，共同做好车、船、货的衔接和办理货运保险，双方要承担相互通知的义务。如派船通知、备货通知等。卖方在货物装运完毕时，向买方发出装船通知，及时告知买方有关货物装运情况和预计到达时间，以便买方及时办理必要的保险和准备接货。装船通知内容一般包括：合同号、信用证号、货物明细、装运港、装运期限、船名、航次、预计的开航日期和到达目的港日期等。特别强调的是，按 CFR 或 CPT 术语成交时，卖方装运后及时向买方发出装运通知，更为重要。若卖方不向买方发装船通知，视为风险没有转移。

5. 滞期、速遣条款

在定程租船时，货物的装卸时间、装卸率会直接关系到船方的经营效益。为约束租船人，在租船合同中，对滞期和速遣问题要明确规定。滞期是指在规定的装卸期限内，租船人未能完成作业，耽误了开船的时间。根据合同中滞期条款的规定，租船方要向船方支付罚款，即滞期费。速遣是指租船人的实际装卸作业时间比合同约定的提前。对此，船方向租船方给予一定的奖励，即速遣费。每日的速遣费通常为滞期费的一半。

4.4.3　运输单据

运输单据是承运人收到承运货物后签发给托运人的证明文件，它是交接货物、处理索赔和结算货款的重要单据。在国际货物运输中，运输单据种类很多，其中包括海运提单、铁路运单、航空运单、多式联运单据和邮件收据等。

1. 海运提单

（1）海运提单的性质和作用

海运提单是承运人收到货物后出具的货物收据，也是承运人所签署的运输契约的证明，提单还代表所载货物的所有权，是一种物权凭证。

（2）海运提单的种类

海运提单可以从不同角度，予以分类：

根据货物是否装船，可分为已装船提单（Shipped B/L）和备运提单（Received for Shipment B/L）。备运提单上加注已装船注记后，即成为已装船提单。

根据报单上对货物外表状况有无不良批注，可分为清洁提单和不清洁提单。在国际贸易结算中，银行只接受清洁提单，即承运人未在提单上批注货物外表状况有任何不良情况。

根据提单收货人栏内的书写内容，可分为记名提单和指示提单。提单收货人栏，又称提单抬头，表明货物所有权的归属。记名提单指该栏记载特定收货人名称，只能由该收货人提货，不能转让。指示提单又分不记名指示和记名指示，不记名指示提单仅填写"To order"（凭指定），必须由托运人背书后才能转让，又称空白抬头。记名指示提单填写"To the order of..."（凭某某指定），该某某即为具体的指示人，提单由其背书后可以转让，通常为受托银行。背书又分两种形式：一种由有权背书人单纯签署，称为空白背书；另一种除背书人签署外，还写明被背书人（受让人）的名称，称为记名背书。在国际贸易中，通常采用凭指示空白背书提单，习惯上称空白抬头、空白背书。

根据船舶运营方式的不同，可分为班轮提单和租船提单。班轮握本上载明运输合同的条款，船货双方受其约束。而租船提单则受另行签订的租船合同约束，故在使用该提单时，往往要提供租船合同副本。

2. 铁路运单

铁路运输分为国际铁路联运和通往港澳的国内铁路运输，分别使用国际铁路货物联运单和承运货物收据。

（1）国际铁路货物联运单

该运单为发送国铁路和发货人之间缔结的运输合同。运单签发即表示承运人已收到货物并受理托运，装车后加盖承运日戳，即为承运。运单正本随同货物送至终点站交收货人，是铁路同收货人交接货物、核收运杂费用的依据。运单副本加盖日戳后是卖方办理银行结算的凭证之一。

（2）承运货物收锯

内地通过国内铁路运往港澳地区出口货物，一般都委托中国对外贸易运输公司承办。货物装车发运后，由外运公司签发一份承运货物收据给托运人。托运人以此作为结汇凭证、承运货物收据既是承运人出具的货物收据，也是承运人与托运人签署的运输契约。

3. 航空运单

航空运单是承运人与托运人之间签订的运输契约，也是承运人或其代理人签发的货物收据。航空运单不仅应有承运人或其代理人签字，还必须有托运人签字。航空运单与铁路运单一样，不是物权凭证，不能凭此提取货物，必须做成记名抬头，不能背书转让。

收货人凭航空公司的到货通知单和有关证明提货。

航空运单正本一式三份，分别交托运人航空公司和随机带交收货人，副本若干份由航空公司按规定分发。

4. 多式联运单据

多式联运单据由承运人或其代理人签发，其作用与海运提单相似，既是货物收据也是运输契约的证明。在单据做成指示抬头或不记名抬头时，多式联运单据可作为物权凭证，经背书可以转让。

多式联运单据表面上和联运提单相仿，但联运提单承运人只对自己执行的一段负责，而多式联运承运人对全程负责。联运提单由船公司签发，包括海洋运输在内的全程运输。多式联运单据由多式联运承运人签发，也包括全程运输，但多种运输方式中，可以不包括海洋运输。

4.4.4 海运出口货物运输业务操作基本流程

海运出口货物运输业务是根据贸易合同有关部门运输条件，把出口货物加以组织和安排，通过海运方式运到国外目的港的一种业务。在以 CIF 或 CFR 条件成交，由卖方安排运输时，其工作环节和程序如下：审核信用证中的装运条款→备货报验→托运订舱→投保工作→货物集中港区→出口报关和装船→装船通知和换取提单→制单结汇。

为了履行贸易合同，卖方若要把出口货物通过海上运输方式运到目的港，发货人就必须根据贸易合同的有关条件，办理备货、包装、刷唛、制单、报检、催证、集运装车、向港口发运，以及货到港口后的接货、储存、制单（装船运输单证）、复检、报关、订舱配载、修补包装、港内集运、投保、装船、结汇等项业务。这一系列的业务单靠发货人往往是难以顺利完成的，一般除了备货是由发货人自己进行以外，其他项目都可以委托货运代理来办理，这样的货运代理业务称为出口代运。

出口代运接受委托时，委托人需要提供的单据有：贸易合同和信用证副本、出口货物明细表、商检初验证、出口许可证、出口收汇核销单和进料加工登记手册、来料加工和补偿贸易登记手册等。如果是危险品则需要危险品说明书，并提供齐全的资料。

4.5 实验内容

4.5.1 填制出口货物明细单

1. 步骤

登录练习系统→查看我的练习→选择习题→进入答题→完成实验报告。见图 4.1。

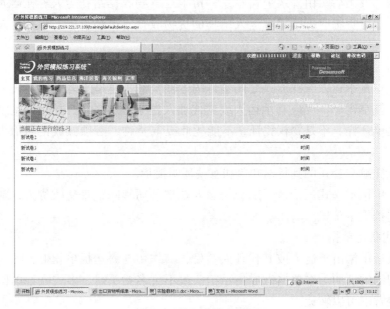

图 4.1　练习系统主界面

2. 注意事项

（1）经营单位（装船人）。必须与运单的发货人一致，一般填写出口商，如果是国内代理公司代理发货则注明某某公司代某某公司发运，并在右下角加盖代理公司业务专用章或运输专用章。

抬头人。填写收货人或提单的被通知人。

提示：电开信用证的抬头人通常在"DOCUMENTS REQUIRED 46 A："或"Docs Required 46 A"项有指示。找到"… TO ORDER OF…"的描述，可以把"TO ORDER OF…"照抄下来。如果没有，也可以直接填写"TO ORDER"。

通知人。填写最终收货方，通常是合同的买方或信用证规定的提单通知人。

运费。一般为预付（Freight Prepaid）或到付（Freight Collect）。如 CIF 或 CFR 出口，一般均填上"运费预付"字样，千万不可漏列，否则收货人会因运费问题提不到货，虽可查清情况，但拖延提货时间，也将造成损失。如系 FOB 出口，则运费可制作"运费到付"字样，除非收货人委托发货人垫付运费。

收汇方式。按出口合同所列的收汇方式填写，例如：L/C、D/P、D/A、T/T。

贸易国别。填写贸易成交国别（地区），例如：加拿大。如果通过我国驻港机构与他国成交，应填香港。

有效期限。信用证方式下，信开信用证可按"LATEST"项所列填写，电开信用证可按"DATE/PLACE EXP. * 31 D："项所列填写；非信用证方式下，此项可不填写。

注意：信用证的有效期限是受益人向银行提交单据的最后日期，受益人应在有效期限之前或当天向银行提交信用证单据。

标记唛码。即运输标志，既要与实际货物一致，还要与提单一致，并符合信用证的规定。如信用证没有规定，可按买卖双方和厂商订的方案或由受益人指定。无唛头时，应注"N/M"或"No Mark"；如为裸装货，则注明"Nakcd"或散装"In Bulk"；如来证规定唛头文字过长，用"/"将独立意思的文字彼此隔开，可以向下错行（即使无线相隔，也可酌情错开）。

数量。填写此项商品的销售数量，该数量应与合同数量一致。此外毛重、净重与总体积应根据系统商品信息进行计算。

保险单、险别、保额、赔款地点。凡按 CIF、CIP 条件成交的出口货物，由出口商向当地保险公司办理投保手续。在实际业务中，业务量较大的外贸公司为简化手续和节省时间，投保时也可用出口货物明细单代替投保单向保险公司投保，当然外贸公司必须先同保险公司达成此类协议方可实行。如果不用出口货物明细单代替投保单，此处也可空着不填。

4.5.2 填制提单

1. 步骤

登录练习系统→查看我的练习→选择习题→进入答题→完成实验报告。见图 4.2。

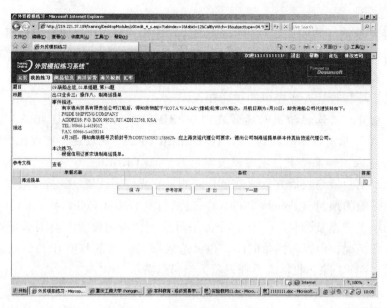

图 4.2　制海运提单练习界面

2. 注意事项

托运人（Shipper）。托运人是指委托运输的人，即将卖方的名称和地址填入此栏。若信用证规定要求第三者作为托运人，则应按要求填制。

收货人（Consignee）。这一栏的填写应严格按照 L/C 的规定在记名收货人、凭指示和记名指示中选一个。

例如：

（1）来证要求："Full set of B/L made out to order"，提单收货人一栏则应填 "To order"。

（2）来证要求："B/L issued to order of Applicant"，此 Applicant 为信用证的申请开证人 Big A. Co.，则提单收货人一栏填写 "To order of Big A. Co."。

（3）来证要求："Full set of B/L made out our order"，开证行名称为 Small B Bank，则应在收货人处填 "To Small B Bank's order"。

被通知人（Notify Party）。通知栏为接受船方发出货到通知的人的名址。它可以由买方选择，既可以是买方本人或其代理，又可以是第三方。但被通知人无权提货。

如果来证未说明哪一方为被通知人，那么就将 L/C 中的申请人名称、地址填入副本 B/L 中，正本先保持空白。

如果来证要求两个或两个以上的公司为被通知人，出口公司应把这两个或两个以上的公司名称和地址完整地填入。若填写格太小，则应在结尾部分打 "﹡"，然后在提单中"描述货物内容"栏的空白地方做上同样的记号 "﹡"，接着填完应填写的内容。这一方法对其他栏目的填写也适用。

Ocean Vessel Voy. No.。如货物需要转运，填写第二程船的船名（但信用证并无要求时，则不需填写第二程船的船名）；如果货物不需要转运，填写第一程船的船名。

Port of Loading。如果货物需要转运，填写中转港口名称；如果货物不需要转运，填写装运港名称。

Port of Discharge。填写卸货港（指目的港）名称。

Container / Seal No.。填写集装箱号和唛头；若无，填"N/M"。

No. of Containers or Packages。本栏包括三个栏目，但无须分别填写。

填写的内容包括：第一，商品名称；第二，最大包装件数；第三，运费条款。

（1）商品名称与托运单内容要严格一致。在使用文字上按信用证要求。无特殊声明，应用英文填写。对某些来证要求货名用中文表达时，应遵守来证规定，用中文填写。

（2）运费条款。一般填"Freight Prepaid/Freight Collect"，使用哪种按价格术语确定。若使用 CIF 或 CFR，要求卖方在交货前把运费付清，则填"Freight Paid or Freight Prepaid"。需注意的是：有时来证在规定以 FOB 成交时，"B/L Marked freight prepaid"出口公司最好要求对方修改信用证。如果不修改，则需出口方垫付运费，不但会有运费上的利息损失，而且万一发生纠纷更有运费收不回来的风险。

Description of Goods (If Dangerous Goods, See Clause 20)。这一部分很杂，制作时应根据来证要求将提单上的批注与实际情况结合分析来制作，通常情况信用证多要求在此声明"运费预/（到）付"或加注信用证号码，此时可照办。例如：来证写明"FULL SET OF 3/3 CLEAN ON BOARD OCEAN BILLS OF LADING AND TWO NONNEGO-TIABLE COPIES MADE OUT TO ORDER OF BANGKOK BANK PUBLIC COMPANY LIMIT-ED, BANGKOK MARKED FREIGHT PREPAID（注明运费预付）AND NOTIFY APPLI-CANT AND INDICATING THIS L/C NUMBER（标明信用证号码）"。

另外，也有个别信用证要求特殊注明"货物已装上某班轮公会的船""提单上不得出现运费预付字样"等类似语句，这时不能因其他部位已表明相同含义而放弃加注，最好于此特别声明"We certify that..."。

Gross Weight Kgs。填写货物毛重，以公斤计。具体信息必要时参照主页面中商品信息一栏。

Measurement。除信用证另有规定者外，一般以立方米列出货物体积。在本系统中，此项填写所有产品的总体积。

在计算体积时，对销售单位和包装单位相同的产品，可直接用交易数量×每箱的体积；对销售单位和包装单位不同的产品，须先根据规格描述计算出包装箱数，再计算总体积（注意：包装箱数有小数点时，必须进位取整箱）。

例1：玩具类产品 03001 项，销售单位是 PC（件），包装单位是 CARTON（箱），规格描述显示是每箱装 60 只，包装尺寸是 72×76×30（cm）。如果交易数量为 1 000 只，试计算总体积。

解：每箱体积 = 0.72×0.76×0.30 = 0.164 16 ≈ 0.164（立方米）

包装箱数 = 1 000÷60 = 16.66，取整 17 箱

总体积 = 17×0.164 = 2.788（立方米）

例2：食品类产品 01001 项，销售单位是 CARTON（箱），包装单位也是 CARTON

（箱），每箱包装尺寸是 42×14×16（cm）。如果交易数量为 2 000 只，试计算总体积。

解：每箱体积＝0.42×0.14×0.16＝0.009 408≈0.009 4（立方米）

总体积＝2 000×0.009 4＝18.8（立方米）

注意：因该类产品销售单位和包装单位相同，故计算时可不考虑规格描述的内容。

Total Number of containers and/or packages（in words）。用大写表示集装箱或其他形式最大外包装的件数。与"No. of Containers or Packages"栏的件数一致。

No. of Original B（s）/L。填正本提单签发的份数。

收货人凭正本提单提货，为避免因正本提单在递交过程中丢失而造成提货困难，承运人要多签发两份或两份以上的正本提单，正本提单的份数应在提单上注明。每份正本提单的效力相同，凭其中一份提货后，其余各份失效。

信用证中要求提供"全套正本提单"（FULL SET OR COMPLETE SET OF B/L），则需提供承运人签发的所有正本。

近些年来，来证中有如下语句出现："Beneficiary's certificate certifying that they have sent by speed post one of the three（1/3 original）B/L direct to the applicant immediately after shipment and accompanied by relative post receipt"，是指开证申请人要求卖方在货物装船后寄其一份正本提单。这种做法于买方提货和转口贸易以及较急需或易腐烂的商品贸易有利，但对卖方却有货权已交出而被拒付的危险。因而，此处应慎重处理。

LADEN ON BOARD THE VESSEL。如要求提供已装船提单，必须由船长签字并注明开船时间 Date 和"LADEN ON BOARD"字样。

4.6　实验思考题

1. 出口货物明细单与海运提单的关系是什么？
2. 海运提单的抬头人一栏如何填写？不同的填写内容可以把海运提单分成哪几类？

实验项目五　投保单、原产地证明及报检单的填制

5.1　实验目的

熟悉投保单、原产地证明以及报检单的内容和填制方法。

5.2　实验使用的仪器设备（软件）

南京世格外贸练习系统（Training）。

5.3　实验要求

1. 回顾《国际贸易实务》中"国际货物保险"章节中的"保险单"内容，"出口合同的履行"章节中"制单结汇"的内容，以及"检验"章节中"检验证书"的内

容。掌握上述单据的基本内容。

2. 通过案例题目的动手操作，掌握投保单、原产地证明及报检单的填制方法。

3. 完成实验报告，记录重点步骤。

5.4　实验理论基础

在进出口贸易中，货物往往要经过长途运输。在运输途中，货物可能会遇到各种风险而导致损失。买方或卖方为转嫁可能遭受的损失，都要对货物进行保险。通过向保险公司投保，使货物在遭受损失后得以补偿，因而保险问题也是进出口贸易中必须了解和掌握的问题。保险公司对哪些风险导致的货物损失给予赔偿？买方或卖方如何办理保险？投保什么险别为好？保险公司承保的范围何时开始，何时结束？熟练掌握这些问题，无疑是进出口贸易活动必不可少的安全保障。

5.4.1　海上货物运输保险承保的范围

进出口贸易的货物运输保险，因运输方式的不同可分为海上货物运输保险、陆上货物运输保险、航空货物运输保险和邮包运输保险等，其中最重要的是海上货物运输保险。海上货物运输保险的范围包括海上风险、海上损失与费用及外来风险与损失。

1. 海上风险

海上风险一般指海上航行途中发生的或随附海上运输所发生的风险。它包括海上发生的自然灾害和意外事故，但并不包括海上的一切风险，如海运途中因战争引起的损失不含在内。另外，海上风险又不仅仅局限于海上航运过程中发生的风险，还包括与海运相连接的内陆、内河、内湖运输过程中的一些自然灾害和意外事故。

2. 海上损失

海上损失简称海损，是指被保险货物在海运过程中，由海上风险所造成的损失或灭失。就货物损失的程度而言，海损可分为全部损失和部分损失。全部损失简称全损，是指运输中的整批货物或不可分割的一批货物的全部损失；部分损失是指被保险货物的损失，没有达到全部损失的程度。部分损失又可分为共同海损和单独海损两种。共同海损是指载货运输的船舶在运输途中遭遇自然灾害、意外事故等，使船舶、货物或其他财产的共同安全受到威胁，为了解除共同危险，由船方有意识地、合理地采取救难措施，所直接造成的特殊牺牲和支付的特殊费用。单独海损是指除共同海损以外的意外损失，即由承保范围内的风险所直接导致的船舶或货物的部分损失，该损失仅由各受损方单独负担。

3. 海上费用

海上风险除了使货物本身受到损毁导致经济损失外，还会造成费用上的损失。保险人即保险公司对这些费用也给予赔偿。这主要包括施救费用和救助费用两种。

4. 外来风险和损失

外来风险与损失是指海上风险以外由于其他各种外来的原因所造成的风险和损失。外来风险和损失包括两种类型。一种是一般外来风险与损失，是指被保险货物在运输途中，由于一般外来原因所造成的偷窃、短量、破碎、雨淋、受潮、受热、发霉、串味、沾污、渗漏、钩损和锈损等风险损失。另一种是特殊外来风险与损失，是指由于军事、政治、国家政策法令以及行政措施等特殊外来原因所造成的风险与损失。例如，战争、罢工，因船舶中途被扣而导致交货不到，以及货物被有关当局拒绝进口或没收而导致的损失等。

除上述各种风险损失外，保险货物在运输途中还可能发生其他损失，如运输途中的自然损耗以及由于货物本身特点和内在缺陷所造成的货损等，这些损失不属于保险公司承保的范围。

5.4.2 我国海运货物保险的险别

保险险别是保险人对风险和损失的承保责任范围，它是保险人和被保险人履行权利和义务的基础，也是确认保险人承保责任大小和被保险人缴付保险费多少的依据。按《中国人民保险公司海洋运输货物保险条款》的规定，我国海运货物保险的险别包括下列几种类型：

1. 基本险别

基本险别包括平安险（FPA）、水渍险（WPA）和一切险（All Risks）三种。

其中，平安险是三个基本险别中承保责任范围最小的一个，承保的具体责任范围包括：在运输过程中，自然灾害和运输工具发生意外事故，造成被保险货物的实际全损或推定全损；运输工具遭遇搁浅、触礁、沉没、互撞、与流冰或其他物体碰撞以及失火、爆炸等意外事故造成被保险货物的全部或部分损失；在运输工具已经发生搁浅、触礁、沉没、焚毁等意外事故的情况下，货物在此前或此后又在海上遭受恶劣气候、雷电、海啸等自然灾害所造成的部分损失；在装卸转船过程中，被保险货物一件或数件落海所造成的全部损失或部分损失；被保险人对遭受承保责任内危险的货物采取抢救、防止或减少货损的措施而支付的合理费用，但以不超过该批被救货物的保险金额为限；运输工具遭遇自然灾害或意外事故，需要在中途的港口或者在避难港口停靠，因而引起的卸货、装货、存仓以及运送货物所产生的特别费用；发生共同海损所引起的牺牲、分摊和救助费用；运输契约中有"船舶互撞条款"，按该条款规定应由货方偿还船方的损失。

水渍险的责任范围除包括上述所列平安险的各项责任外，还负责被保险货物由于恶劣气候、雷电、海啸、地震、洪水等自然灾害所造成的部分损失。由此可见，水渍险承保的责任范围较大，它并不只是承保由于水渍引起的损失。同时，它也不是承保所有水渍引起的损失，例如，淡水所导致的损失不赔偿。

一切险的责任范围除包括平安险和水渍险的所有责任外，还包括货物在运输过程中由一般外来原因所造成的被保险货物的全损或部分损失。投保了一切险，并不是指保险公司承保了一切的风险，海运中的特殊外来原因引起的损失并不包含在内。此外，投保了一切险后不必再投保一般附加险，因为已包含在内，以免支付不必要的保险费。由于一切险承保责任范围大，其保险费在三种基本险中也最高。

2. 附加险别

在海运保险业务中，进出口商除了投保货物的上述基本险别外，还可根据货物的特点和实际需要，酌情再选择若干适当的附加险别。附加险别包括一般附加险和特殊附加险。

一般附加险承保由一般外来风险造成的损失，主要有：偷窃及提货不着险、淡水雨淋险、短量险、混杂沾污险、渗漏险、碰损破碎险、串味险、受热受潮险、钩损险、包装破裂险、锈损险共 11 种。一般附加险不能单独投保，只能在投保基本险别平安险或水渍险的基础上加投。

特殊附加险是指承保由于军事、政治、国家政策法令以及行政措施等特殊外来原因所引起的风险与损失的险别。中国人民保险公司承保的特殊附加险，除包括战争险和罢工险，还有交货不到险、进口关税险、舱面险、拒收险、黄曲霉素险和出口货物到中国香港或澳门地区存储仓火险责任扩展条款。

《中国人民保险公司海洋运输货物保险条款》还对以上三种基本险的责任做了具体规定，采用了国际保险业中惯用的"仓至仓条款"（Warehouse to Warehouse，W/W），即保险公司所承担的保险责任，是从被保险货物运离保险单所载明的起运港（地）发货人仓库开始，一直到货物到达保险单所载明的目的港（地）收货人的仓库时为止。当货物一进入收货人仓库，保险责任即行终止。但是，当货物从目的港卸离海轮时起算满 60 天，不论保险货物有没有进入收货人的仓库，保险责任均告终止。

5.4.3 伦敦保险协会海运货物保险条款

在国际保险市场上，英国伦敦保险协会所制定的《协会货物条款》（Institute Cargo Clauses，ICC）对世界各国影响颇大。目前，世界上许多国家在海运保险业务中直接采用该条款，还有许多国家在制定本国保险条款时参照或采用该条款的内容。

《协会货物条款》最早制定于 1912 年，后来经过修订，1982 年开始使用新的海运货物保险条款。新条款共包括六种险别，即 ICC（A）、ICC（B）、ICC（C）、战争险、罢工险及恶意损害险。前三种为基本险，但只有恶意损害险不能单独投保。

协会货物保险主要险别的保险期限。保险期限亦称保险有效期，是指保险人承担保险责任的起止期限。英国伦敦保险协会海运货物保险条款对保险期限的规定同我国海运货物保险条款对期限的规定大体相同，也是"仓至仓"。但其规定比我国有关条款的规定更为详细，在此不再赘述。

5.4.4 进出口商品的检验与检疫

商品检验又称货物检验，是指在国际货物买卖中，对卖方交付的货物或拟交付的合同规定的货物进行质量、规格、数量、重量、包装等方面的检验，同时还包括根据一国法律或政府法令的规定进行的卫生、安全、环境保护和劳动保护等条件的检验以及动植物病虫害检疫。商品检验是国际贸易发展的产物，是买卖双方在货物交接过程中不可缺少的重要环节。

1. 检验机构

在进出口贸易中，商品的检验工作一般由专业的检验机构负责办理。由于检验检疫机构做出的检验结果对买卖双方的关系重大，因此，在合同中必须明确规定由哪个机构承担检验检疫工作，该商检机构出具的检验证书才能为买卖双方所接受。较为著名的检验机构有美国官方机构——美国食品药物管理局（FDA）、当今世界最大的检验鉴定公司——瑞士日内瓦通用公证公司（SGS）、日本最大的综合性商品检验鉴定机构——日本海事鉴定协会（NKKK）等。我国的商检机构原为国家出入境检验检疫局及其分支机构。2001年4月，国家质量监督检验检疫总局成立，主管全国质量、计量、出入境商品检验、出入境卫生检疫、出入境动植物检疫和认证认可、标准化等工作，是行使行政执法职能的国务院直属机构。原国家质量技术监督局和原国家出入境检验检疫局的职能合并入总局，但检验检疫职能不变。

2. 检验时间和地点

其是指在什么时间、什么地点行使对货物的检验权。所谓检验权，是指买方或卖方有权对所交易的货物进行检验，其检验的结果即作为交付和接收货物的依据。确定检验的时间和地点实际上就是确定买卖双方由谁行使对货物的检验权，也就是确定检验结果以哪一方提供的检验证书为准。这直接关系到买卖双方的切身利益，因而是交易双方商定检验条款时的核心所在。在进出口贸易业务中，各国的规定和做法各不相同。目前，通常有以下几种规定：第一，在出口国检验；第二，在进口国检验；第三，出口国检验、进口国复验。

3. 检验证书

检验检疫机构对进出口商品检验检疫或鉴定后，根据不同的检验结果或鉴定项目签发的各种书面证明称为商品检验证书。此外，在交易中若买卖双方约定由生产单位或使用单位出具检验证明，该证明也可起到检验证书的作用。即检验证书是各种进出口商品检验书、鉴定证书和其他证明书的统称。在进出口贸易中，检验证书是有关各方履行契约义务、处理争议及索赔、仲裁、诉讼举证的有效证件，也是海关验放、征收关税和优惠减免关税的必要证明，具有重要的法律地位。检验证书主要有以下几种：品质检验证书、重量或数量检验证书、包装检验证书、兽医检验证书、卫生/健康证书、产地证明书等。

4. 产地证明书

产地证明书又称原产地证明，是证明出口商品原产地的证书，是各国执行贸易管制、差别关税、进口配额制度和海关统计所必需的证书，是出口商品在进口国通关输入和享受减免关税优惠待遇和证明商品产地的凭证。

原产地证书可以分为以下几种：①普惠制原产地证书，是根据普惠制给惠国的原产地规则和有关要求，由普惠制受惠国授权机构出具的具有法律效力的证明文件。它是使受惠国的出口产品在给惠国享受减免进口关税优惠待遇的凭证。②一般原产地证书，是各国根据各自的原产地规则和有关要求签发的原产地证书，是进口国海关对进口货物实施征税，进行贸易统计，实施数量限制等管理的重要证明文件。在我国，一般原产地证书是证明中国出口货物符合中华人民共和国出口货物原产地规则，货物系中华人民共和国原产地的证明文件。③区域性经济集团国家原产地证书是订有区域性贸易协定的经济集团内的国家享受互惠的、减免关税的凭证。如曼谷协定产地证、英联邦特惠税产地证、北美自由贸易区产地证等。④专用原产地证书是针对某一特殊行业的特定产品出具的原产地证书，这些产品应符合特定的原产地规则，如蘑菇罐头产地证、烟草真实性证书等。

5.5 实验内容

5.5.1 填制出口货物运输保险投保单

1. 步骤

登录练习系统→查看我的练习→选择习题→进入答题→完成实验报告。见图 5.1。

图 5.1 出口货物运输保险投保单

2. 注意事项：

（1）投保条款和险别

步骤 1：选择投保条款。

投保条款包括以下两种，投保时只能选择一种条款：

PICC Clause（中国人民保险公司保险条款）。

ICC Clause（伦敦协会货物险条款）。

步骤 2：选择基本险别。

对应上述投保条款，选择该条款下的基本险别。基本险别也称主险，无论使用 PICC 条款还是 ICC 条款，基本险别只能选一种。

PICC 条款的基本险别包括：

All Risks（一切险）。

W. P. A. ／W. A.（水渍险）。

F. P. A.（平安险）。

其中，一切险承保范围最大，水渍险次之，平安险最小。

ICC 条款的基本险别包括：

ICC Clause A（协会货物（A）险条款，相当于 PICC 的一切险）。

ICC Clause B（协会货物（B）险条款，相当于 PICC 的水渍险）。

ICC Clause C（协会货物（C）险条款，相当于 PICC 的平安险）。

步骤 3：选择附加险。

在本张投保单中，附加险包括：

War Risks（战争险）。

S. R. C. C.（罢工、暴动、民变险）。

Strike（罢工险）。

Transhipment Risks（转运险）。

W to W（仓至仓条款）。

T. P. N. D.（偷窃、提货不着险）。

F. R. E. C.（存仓火险责任扩展条款）。

R. F. W. D（淡水雨淋险）。

Risks of Breakage（包装破裂险）。

I. O. P.（不计免赔率）。

此外还应注意：

附加险不能单独投保，可在投保一种基本险的基础上，根据货运需要加保其中的一种或若干种。投保了一切险后，因一切险中已包括了所有一般附加险（如：仓至仓条款；偷窃、提货不着险；淡水雨淋险；包装破裂险；不计免赔率）的责任范围，所以只须在特殊附加险（如：战争险；罢工、暴动、民变险；存仓火险责任扩展条款）中选择加保。

"战争险"只能在投保主险的基础上加保。

到目的港后需转内陆运输的货物，加保"转运险"。

（2）被保险人

被保险人就是保险合同的受益人。在货运保险中，被保险人往往与投保人是同一人。例如，在 CIF 价格条件下，出口商负责投保，若信用证或合同无特殊规定，则出口商就是被保险人。但出口商在交单议付时，须背书转让保险单，使买方（进口商）受让保险利益。

保险单的转让有以下原则：

海运货物保险单可以不经保险人同意自由转让。

海上保险单的转让必须在保险标的所有权转移之前或转移的同时进行。

在海上保险单办理转让时，无论损失是否发生，只要被保险人对保险标的仍然具有可保利益，保险单均可有效转让。

保险单的受让人享有与原被保险人在保险单下享有的相同的权利和义务。

保险单的转让，可以采取由被保险人在保险单上背书或其他习惯方式进行。

（3）保险金额

如果货物出了意外，保险公司赔偿的上限是投保人申报的保险金额。

出口交易中，在以 CIF（或 CIP）价格成交的情况下，出口商要办理投保。

保险金额=CIF（CIP）货价×（1+保险加成率）

由于保险金额的计算是以 CIF（或 CIP）货价为基础的，因此，对外报价时如果需要将 CFR（或 CPT）价格变为 CIF（CIP）价格，应先按如下公式换算后再求出相应的保险金额和保险费：

由 CFR 换算成 CIF 价：CIF＝CFR÷［1－（1+保险加成率）×保险费率］

提示：在进出口贸易中，根据有关的国际贸易惯例，保险加成率通常为 10%，投保人也可以根据交易对象的要求与保险公司约定不同的保险加成率。

（4）赔款地点

严格按照信用证规定打制。如来证未规定，则应打目的港。如信用证规定不止一个目的港或赔付地，则应全部照打。

（5）正本份数

中国人民保险公司出具的保险单 1 套 5 份，由 1 份正本 Original、1 份副本 Duplicate 和 3 份副本 Copy 构成。具体如下：

① 来证要求提供保单为"In Duplicate"或"In Two Folds"或"In 2 Copies"，则应提供 1 份正本 Original、1 份副本 Duplicate 构成全套保单。

② 根据跟单信用证 No.500 规定，如保险单据表明所出具正本为 1 份以上，则必须提交全部正本保单。

5.5.2 填制原产地证书

1. 步骤

登录练习系统→查看我的练习→选择习题→进入答题→完成实验报告。见图 5.2。

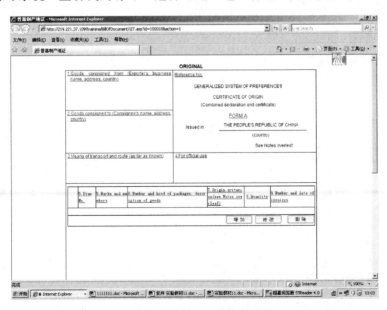

图 5.2 普惠制产地证练习界面

2. 注意事项

（1）出口商的名称、地址和国别

按实际情况详细填写。若属信用证项下，应与规定的受益人名址、国别一致。需注意的是，本栏目的最后一个单词必须是国家名。如为第三方发货，须与提单发货人一致。

例如：CHINA NATIONAL LIGHT INDUSTRIAL PRODUCTS

IMPORT & EXPORT CORP.

NO. 82 DONGANMENT STREET. BEIJING, CHINA

注意：此栏是带有强制性的。应填明中国出口单位的名称地址等。不能出现香港、台湾、澳门地区及其他受惠国等名称和地址。

（2）进口商的名称、地址和国别

填写实际给惠国的最终目的地收货人名址、国别，例如："JEBSON & JESSEN. LANCEMUHREN 9, F-2000, HAMBURG, F. R. G"，不得填中间商的名址。

注意：信用证无其他规定时，收货人一般即为开证申请人。

若信用证申请人不是实际收货人，而又无法明确实际收货人，可以提单的被通知人作为收货人。

如果进口国为欧共体成员国，本栏可以留空或填"To be ordered"。另外，日本、挪威、瑞典的进口商要求签发"临时"证书时，签证当局在此栏加盖"临时（PROVI-SIONAL）"红色印章。

（3）原产地标准

填写货物原料的成分比例。此栏用字最少，但却是国外海关审证的核心项目。对含有进口成分的商品，因情况复杂，国外要求严格，极易弄错而造成退证，故应认真审核。一般规定说明如下：

"P"：完全自产，无进口成分，使用"P"。

"W"：含有进口成分，但符合原产地标准，填"W"。

"F"：对加拿大出口时，含进口成分占产品出厂价40%以内者，都使用"F"。

空白：出口到澳大利亚、新西兰的货物，此栏可留空不填。

注意：含有进口原料成分的商品，发往瑞士、挪威、芬兰、瑞典、奥地利等欧盟成员国及日本时，都使用"W"，并在字母下方标上产品的 CCCN 税则号（布鲁塞尔税则）；发往加拿大出口的商品，产品含有进口成分占产品出厂价40%以内者，使用"F"；发往澳大利亚、新西兰的商品，此栏可以空白；发往俄罗斯、白俄罗斯、乌克兰、哈萨克斯坦、捷克、斯洛伐克时，都填写"Y"，并在字母下面标上百分比（占产品离岸价格的50%以下）。

（4）SAY TOTAL

填写量值（Quantity）的英文大写，注意要注明单位。

例如：ONE THOUSAND SEVEN HUNDRED CARTONS ONLY。

(5) 签证当局的证明

此栏由签发此证的商检局盖章、授权人手签，并填列出证日期和地点。例如：BEIJING IMP&EXP COMMODITY INSPECTION BUREAU OF THE PEOPLE'S REPUBLIC OF CHINA NANJING JAN. 20，1995. 同时还需附上授权签证人手签，签证当局公章等。

注意：本证书只在正本上签章，不签署副本。签发日期不得早于第 10 栏发票日期和第 12 栏的申报日期，也不得晚于提单的装运日期。手签人的字迹必须清楚，手签与签证章在证面上的位置不得重叠。

(6) 出口商的申明

出口商的申明包括出口方声明、签字、盖章栏。

在特殊情况下，出口至欧洲联盟，进口国别不明确时可填"EC"或"EU"。申请单位必须在此栏加盖公司印章，并由经签证机构培训、审核、认可的手签人员手签。公司印章应为中英文对照，盖章时不要覆盖进口国名称和手签人姓名。

注意：此栏日期不得早于发票日期（第 10 栏），不得迟于签证机构签发日期（第 11 栏）；在证书正本和所有副本上盖章时避免覆盖进口国名称和手签人姓名；国名应是正式的和全称的。

5.5.3 填制原产地证书

1. 步骤

登录练习系统→查看我的练习→选择习题→进入答题→完成实验报告。见图 5.3。

图 5.3 出境货物报检单练习界面

2. 注意事项

(1) 报检单位（加盖公章）、登记号、联系人、电话

填写报检单位全称并加盖公章或报验专用章（或附单位介绍信），并准确填写本单

位报检登记代码、联系人及电话；代理报检的应加盖代理报检机构在检验机构备案的印章。

（2）发货人

填写合同上的卖方或信用证上的受益人，要求用中文、英文，填写时要一致。

（3）收货人

填写合同上的买方或信用证的开证人。

若无中文名称，"中文"项可为空不填。

（4）H. S. 编码

按《商品分类及编码协调制度》8 位数字填写，如毛绒玩具的 H. S. 编码为 95034100。

在本系统中，H. S. 编码可到"海关税则"中查询。

（5）随附单据

出口商品在报验时，一般应提供外贸合同（或售货确认书及函电）、信用证原本的复印件或副本，必要时提供原本。合同如果有补充协议的，要提供补充的协议书。合同、信用证有更改的，要提供合同、信用证的修改书或更改的函电。对订有长期贸易合同而采取记账方式结算的，外贸进出口公司每年一次将合同副本送交商检机构。申请检验时，只在申请单上填明合同号即可，不必每批附交合同副本。凡属危险或法定检验范围内的商品，在申请品质、规格、数量、重量、安全、卫生检验时，必须提交商检机构签发的出口商品包装性能检验合格单证，商检机构凭此受理上述各种报验手续。

5.6　实验思考题

1. 投保单与保险单的关系是什么？
2. 原产地证明的作用是什么？原产地分为哪几类？
3. 报检单与商品检验证书的关系是什么？

实验项目六　报关单及汇票的填制

6.1　实验目的

让学生熟练掌握报关单及汇票内容和填制方法。

6.2　实验使用的仪器设备（软件）

南京世格外贸练习系统（Training）。

6.3　实验要求

1. 回顾相关理论，明确《国际贸易实务》课程中"安排装运"及"制单结汇"的内容，"支付工具"章节中"汇票"的内容，并掌握报关单和汇票的基本内容。

2. 通过案例题目的动手操作，掌握单据填制方法。

3. 完成实验报告，记录重点步骤。

6.4 实验理论基础

6.4.1 报关

报关是指货物通过关境前向海关办理申报手续。按照我国《海关法》规定：凡是进出国境的货物，必须经由设有海关的港口、车站、国际航空站进出，并由货物的发货人或其代理人向海关如实申报，交验规定的单据文件，请求办理查验放行手续。经过海关放行后，货物才可提取或装运出口，承运船舶凭经海关盖章放行的装货单接货装船。

目前，我国的出口企业在办理报关时，可以自行办理报关手续，也可以通过专业的报关经纪行或国际货运代理公司来办理。无论是自行报关，还是由报关行来办理，都必须填写出口货物报关单，必要时，还须提供出口合同副本、发票、装箱单或重量单、商品检验证书及其他有关证件。

6.4.2 进出口货款的收付

在进出口贸易中，选取合适、恰当的支付方式才能安全、迅速地收回货款。然而，在进出口贸易中，货款的收付不仅要考虑支付方式的选择问题，还要考虑支付工具的选择，各种支付方式的结合使用等内容，这些共同构成了支付条件，关系到买卖双方的利益，因此应当在合同中加以明确。

1. 支付工具

在进出口贸易中，有货币和金融票据两种支付工具。但是，在实际操作中，采用现金结算非常不方便，而且风险大、周转慢，所以国际货款的收付一般都使用信用工具或支付凭证来结算国际的债权债务，即采用非现金结算的票据方式。金融票据主要包括汇票、本票和支票。在进出口贸易中，汇票的使用最为广泛。

根据各国广泛引用和参照的英国《票据法》规定："汇票是一人向另一人出具的无条件书面命令，要求对方见票时或在某一规定的时间或可以确定的时间，向某一特定人或其指定人或持票人支付一定的金额。"各国票据法对汇票记载事项都有一定要求，但规定各有不同，一般包含以下几项：①记载表明"汇票"的字样；②无条件支付命令；③确定的金额，例如，汇票上不允许出现"付人民币拾万元左右"等不确定的记载；④付款人姓名；⑤收款人姓名；⑥出票日期；⑦出票人签章，指汇票必须有出票人的签名、盖章或签名加盖章方能生效；⑧出票地；⑨付款地；⑩到期日。

2. 支付方式

常见的支付方式包括汇付、托收和信用证。

信用证是开证银行根据开证申请人的请求或以其自身的名义向受益人开立的承诺在一定期限内凭规定的单据支付一定金额的书面文件。简而言之，信用证是一种银行开立的有条件的付款凭证。银行付款的条件就是受益人必须提交符合信用证规定的各种单据。在符合条件的情况下，银行将向受益人付款或承兑其出具的远期汇票并到期付款。付款的方式有三种：开证行直接付款，开证行指定另一家银行付款，开证行授权另一家银行议付。

与前面所述托收和汇付两种支付手段不同，信用证支付方式属于银行信用。使用前两种支付方式，进出口双方都会担心对方不履行合同义务而使自己遭受损失，不利于进出口贸易的发展；而在信用证业务中，只要出口人按照信用证的要求提交单据，银行即保证付款。因此，建立在银行信用基础之上的信用证支付方式在国际货物买卖中被广泛应用，成为进出口贸易中普遍采用的一种主要的支付方式。目前，我国在进出口贸易中，也以信用证为主要支付方式。

信用证的开证形式主要有信开和电开两种。信开是指开证行采用印刷的信函格式开立信用证正本一份和副本若干份，航空邮寄给通知行。这种形式现在已经很少使用。电开是指开证行将信用证内容加密押后，通过电报、电传、传真等电信工具将信用证传达给通知行。电开包括简电、全电和 SWIFT 信用证。其中，SWIFT 信用证是采用 SWIFT 系统开出的信用证。采用 SWIFT 信用证，必须遵守 SWIFT 使用手册的规定，而且信用证必须遵照国际商会制定的《UCP600》的规定。这种信用证具有标准化和格式化的特点，而且传送速度快、成本低，现已被西北欧、美洲和亚洲等地区的银行广泛使用。在我国银行的电开信用证或收到的信用证电开本中，SWIFT 信用证占了很大比例。

6.4.3 制单、结汇

出口货物装运之后，出口商即应按信用证要求缮制单据，并在信用证规定的交单有效期内向有关银行办理议付、结汇手续。出口商填写出口结汇申请书，开具发票，连同整套货运单据送交当地银行办理结汇手续。

出口商提供的结汇单据应严格符合信用证的要求。一般来说，信用证结汇的主要单据有：汇票、商业发票、提单、原产地证明书、商品检验证书、保险单等。

提高缮制结汇单据的质量，对保证安全、迅速收汇具有十分重要的意义。特别是在信用证付款条件下，必须单证一致、单单相符。否则，银行和进口商就有可能拒收单据和拒付货款。为了确保安全、迅速收汇，缮制单据时，必须体现正确、完整、及时、简明、整洁的要求。

6.5 实验内容

6.5.1 填制出口货物报关单

1. 步骤

登录练习系统→查看我的练习→选择习题→进入答题→完成实验报告。见图 6.1。

图 6.1 填制报关单界面

2. 注意事项

（1）经营单位

经营单位指对外签订并执行出口贸易合同的中国境内企业或单位。本栏目应填报经营单位名称及经营单位编码。经营单位编码为十位数字，指进出口企业在据地主管海关办理注册登记手续时，海关给企业设置的注册登记编码。

特殊情况下确定经营单位原则如下：

签订和执行合同如为两个单位，如加工贸易合同，填报执行合同的单位。

援助、赠送、捐赠的货物，填报直接接收货物的单位。

进出口企业之间相互代理进出口，或没有进出口经营权的企业委托有进出口经营权的企业代理进出口的，以代理方为经营单位。

外商投资企业委托外贸企业进口投资设备、物品的，外商投资企业为经营单位。

（2）发货单位

发货单位指出口货物在境内的生产或销售单位，包括自行出口货物的单位、委托有外贸进出口经营权的企业出口货物的单位。本栏目应填报发货单位的中文名称及其海关注册编码，无海关注册编码的，填报该企业的国家标准标识码。

（3）贸易方式

在填写贸易方式名称后加填编码。

贸易方式共分为 7 种：一般贸易（即正常贸易），寄售、代销贸易，对外承包工程，来料加工，免费广告品、免费样品，索赔、换货、补贸，进口货退回。

贸易方式编码如下：

10——一般贸易。

11——国家间、联合国及国际组织无偿援助物资及赠送品。

12——华侨、港澳同胞、外籍华人捐赠品。

13——补偿贸易。

14——来料加工装配贸易（对口合同除外）。

15——进料加工贸易。

16——寄售、代销贸易。

17——对口合同的来料加工装配贸易。

19——边境地方贸易。

29——其他。

（4）指运港

指运港指出口货物运往境外的最终目的港。最终目的港不得预知的，可按尽可能预知的目的港填报。本栏目应根据实际情况按海关规定的港口航线代码表选择填报相应的港口中文名称或代码。

（5）征免性质

征免性质指海关对进出口货物实施征、减、免税管理的性质类别。本栏目应按照海关核发的征免税证明中批注的征免性质填报或根据实际情况按海关规定的征免性质代码表选择填报相应的征免性质简称或代码。一份报关单只允许填报一种征免性质，否则应分单填报。

6.5.2 填制汇票

1. 步骤

登录练习系统→查看我的练习→选择习题→进入答题→完成实验报告。见图 6.2。

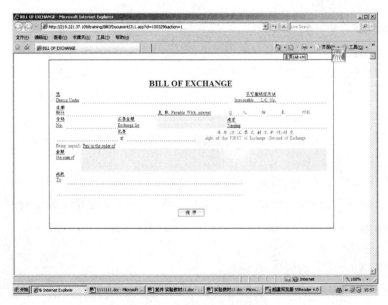

图 6.2 填制汇票练习界面

2. 注意事项：

（1）出票条款（Drawn Under）

出票条款又称出票根据，要求填写开证行名称与地址。除信用证规定可以用缩写外，需根据信用证写出开证行全称及地址。如信用证未要求，则应填开证行名称、地址、开证日期。另在出票条款中，按信用证要求也可加注利息条款和费用条款。

另有些汇票，尤其是国外商人出具的汇票往往印有"value received"或"value received and charge the same to account of ×××"，它后面常加开证申请人，表示从议付行得到的汇票金额从开证申请人账户列支，所谓"对价收讫"。还有的来证要求在汇票内注明"Documents against payment，D/P"（凭单付款），则可在此栏中加注。

托收方式下，此栏的规范制法一般应列出其编号合同项下装运若干数量的某商品办理托收，即"Drawn under Contract No. ×× against shipment of ×××（包装）of ×××（商品）for collection."实务操作中，本条款亦可省略不填。

（2）信用证号码（L/C No.）

此栏用于填写信用证的准确号码。

提示：电开信用证查"DOC. CREDIT NUMBER ＊ 20:"项，信开信用证查"CREDIT NUMBER"项。

（3）开证日期（Date）

此栏用于填写信用证的准确开证日期，而非出具汇票的日期。

提示：电开信用证可查"DATE OF ISSUE 31 C:"项，信开信用证可查"DATE"项。

（4）利息条款（Interest）

如果信用证中规定有汇票利息条款，则汇票上必须明确反映出来，汇票上的利息条款一般包括利率和计息起讫日期等内容。

注：利息条款通常在远期汇票情况下使用。

（5）汇票金额（Exchange For）

此处要用数字小写表明。填写小写金额，一般要求汇票金额使用货币缩写和用阿拉伯数字表示金额小写数字。例如：USD 1 234.00。除非信用证另有规定，汇票金额不得超过信用证金额，而且汇票金额应与发票金额一致，汇票币别必须与信用证规定和发票所使用的币别一致。

提示：本系统将币别与金额分别列出，使用者在填写此项时，注意第一列填币别，第二列填金额。若找不到这两列的输入位置，可将鼠标移开（此时鼠标形状为箭头）并点击任意处，再同时按住键盘的 Ctrl 键和 A 键，如此可查看输入区域；或者，鼠标点击该项的空白处（此时鼠标形状为箭头），按键盘 TAB 键也可切换到输入位置。

注意：在本系统中，小写金额不能以千分号（,）来分隔。

（6）出票日期和地点

汇票的出票日期不得迟于信用证的有效日期，但也不得迟于信用证的最后交单期。汇票的出票地点一般为出口公司的所在地。

例如：DEC. 2, 2002 SHANGHAI, CHINA。

（7）受款人（Payee）

汇票的抬头人就是汇票的受款人，抬头可以做成限制性抬头、指示性抬头、持票人或来票人抬头。在信用证业务中，汇票的抬头人经常被做成信用证的受益人或议付行或其指定人。

如果做成受益人（出口公司）或其指定人抬头，受益人向银行交单时应在汇票背书，将汇票转让给银行。

如果做成议付行或其指定人抬头，受益人向银行交单时则不需要将汇票背书。

一般情况下，汇票的抬头有以下三种写法：

指示性抬头（Demonstrative Order）。例如："付××公司或其指定人"（Pay ×× Co., or order; pay to the order of ×× Co.,）；"付给××银行的指定人"（Pay to the order of ×× BANK）；"付给××银行或其指定人"（Pay to ××BANK or order）。

限制性抬头（Restrictive Order）。例如："仅付××公司（Pay ×× Co. only）或"付××公司，不准流通"（Pay ×× Co. Not negotiable）。

持票人或来票人抬头（Payable To Bearer）。例如，"付给来人"（Pay to bearer）。这种抬头的汇票无须持票人背书即可转让。

在我国对外贸易中，指示性抬头使用较多，在信用证业务中要按照信用证规定填写。若来证规定"由中国银行指定"或来证对汇票受款人未规定，此应填上："Pay to the order of Bank of China"（由中国银行指定）；若来证规定"由开证行指定"，此栏应填上"Pay to the order of ×× Bank"（开证行名称）。

（8）汇票金额（The Sum Of）

要用文字大写表明。填大写金额，先填写货币全称，再填写金额的数目文字，句尾加"only"相当于中文的"整"字。例如，United States Dollars One Thousand Two Hundred And Thirty Four Only. 大写金额应端正地填写在虚线格内，不得涂改，且必须与汇票的小写金额一致。除非信用证另有规定，汇票金额不得超过信用证金额，而且汇票金额应与发票金额一致，汇票币别必须与信用证规定和发票所使用的币别一致。

（9）付款人（To）

付款人又称受票人。根据 UCP500 规定，信用证方式的汇票以开证行或其指定银行为付款人，不应以申请人为汇票的付款人。如果信用证要求以申请人为汇票的付款人，银行将视该汇票为一份附加的单据；而如果信用证未规定付款人的名称，汇票付款人亦应填开证行名称。

在信用证业务中，汇票付款人是按信用证"draw on ××""draft on ××"或"drawee"确定。例如："… available by beneficiary's draft（s）on applicant"条款表明，以开证申请人为付款人；又如："… available by draft（s）drawn on us"条款表明，以开证行为付款人；再如"drawn on yourselves/you"条款表明以通知行为付款人。信用证未明确付款人名称者，应以开证行为付款人。

6.6 实验思考题

1. 报关单的作用是什么？
2. 何时办理报关？如何办理报关手续？
3. 汇票的主要内容是什么？使用流程是什么？

第二部分　流程模拟实验项目

实验项目七　SimTrade 实习平台及进出口预算表的填写

7.1　实验目的

登录 SimTrade 系统，了解 SimTrade 实习平台的基本使用方法，并熟悉操作环境和每个角色的具体工作，明确进出口预算表的相关内容及计算方法，寻找业务合作伙伴，使用邮件系统建立初步的业务联系。

7.2　实验使用的仪器设备（软件）

南京世格外贸练习系统（SimTrade）。

7.3　实验要求

1. 明确实习平台的操作环境，熟悉各个按钮的功能。
2. 熟悉出口预算表内容，掌握各项目数据的计算。
3. 完成实验报告，记录重点步骤及实验心得。

7.4　操作界面简介

7.4.1　登录程序

打开实习平台界面，填写用户名、密码并选择相应角色登录。

7.4.2　按钮功能

1. 出口商界面（见图 7.1）

图 7.1　出口商练习界面

如图所示：

按钮左 1：首页。进行各按钮间的转换。

按钮左 2：资料。进行出口商角色基本资料的填写。

按钮左 3：财务。显示注册资金及库存资产，随着流程自动显示业务内容。

按钮左 4：库存。显示库存产品名称、数量及库存成本，随着流程自动显示业务内容。

按钮左 5：业务中心。业务操作的主要按钮，流程的各项操作基本都在该按钮下完成，进入后寻找不同业务对象的建筑，点击进行不同业务操作。

按钮左 6：业务日志。随着流程的进行系统自动更新。

按钮左 7：我的邮件。用来收发业务邮件。

按钮左 8：淘金网。查询界面，包括产品信息、公司库、银行、运费、保险费、税率等业务信息的查询。

按钮左 9：帮助。实验助手，包括履约流程步骤参考、单据样本等实验信息的支持。

按钮左 10：退出。安全退出按钮，防止程序占用。

7.5　出口预算表的填写

7.5.1　合同金额

合同金额即双方议定的合同金额，注意须换算成本币。

例如：商品 01005 甜玉米罐头，合同金额定为 USD 16 000，查到当前美元（USD）的汇率为 6.826 1，试换算为本币。

解：合同金额 = 16 000×6.826 1 = RMB 109 217.6

7.5.2　采购成本

通过邮件和工厂联络，询问采购价格，用以成本核算。

例如：商品 01005 甜玉米罐头，工厂报价为每只 RMB80，求采购 971 只的成本。

解：采购成本＝80×971＝RMB 77 680

7.5.3　FOB 总价

FOB 总价即交易双方在签订合同时所订的货物 FOB 价总金额。此处出口商在出口报价时就应综合考虑，首先计算出采购成本，然后加上各项费用支出（可大致估算），并给出一定的利润空间，在此基础上进行报价。如不是 FOB 价，则要进行换算。

由 CFR 换算成 FOB 价：FOB＝CFR－海运费。

由 CIF 换算成 FOB 价：FOB＝CIF－海运费－保险费。

注意： 金额须换算成本币，汇率可在"淘金网"的"银行"页查到。

如：假设该笔合同 FOB 总价为 USD 26 500，在"银行"页中，查到当前美元（USD）的汇率为 6.826 1。

则该栏应填入的金额为：26 500×6.826 1＝180 891.65

7.5.4　内陆运费

在"淘金网"的"其他费用"中，查到内陆运费率为 RMB60/立方米（立方米即 CBM）。

可得：内陆运费＝出口货物的总体积×60。

总体积算法请参考"基本计算"。

7.5.5　报检费

在"淘金网"的"其他费用"中，查到报检费率为 RMB200/次。

可得：报检费＝RMB200。

7.5.6　报关费

在"淘金网"的"其他费用"中，查到报关费为 RMB200/次。

可得：报关费＝RMB200。

7.5.7　海运费

在出口交易中，采用 CFR、CIF 贸易术语成交的条件下，出口商需核算海运费。如为 FOB 方式，则此栏填"0"。

在出口交易中，集装箱类型的选用，货物的装箱方法对于出口商减少运费开支起着很大的作用。集装箱的尺码、重量，货物在集装箱内的配装、排放以及堆栈都有一定的讲究，需要在实践中摸索。

1. 运费计算的基础

运费单位（Freight Unit）是指船公司用以计算运费的基本单位。由于货物种类繁多，打包情况不同，装运方式有别，因此计算运费标准不一。

A 整箱装：以集装箱为运费的单位，在 SimTrade 中有 20′集装箱与 40′集装箱两种。

20′集装箱的有效容积为 25 立方米，限重 17.5 吨，40′集装箱的有效容积为 55 立方米，限重 26 吨。

B 拼箱装：由船方以能收取较高运价为准，运价表上常注记 M/W 或 R/T，表示船公司将就货品的重量吨或体积吨二者中择其运费较高者计算。

拼箱装时计算运费的单位为：

（1）重量吨（Weight Ton）：按货物总毛重，以一吨为一个运费吨。

（2）体积吨（Measurement Ton）：按货物总毛体积，以一立方米（1 Cubic Meter；简称 1MTQ 或 1CBM 或 1CUM；又称一才积吨）为一个运费吨。

在核算海运费时，出口商首先要根据报价数量算出产品体积，再到"淘金网"的"运费查询"页，找到对应该批货物目港的运价。如果报价数量正好够装整箱（20′集装箱或 40′集装箱），则直接取其运价为基本运费；如果不够装整箱，则用产品总体积（或总重量，取运费较多者）×拼箱的价格来算出海运费。

2. 运费分类计算方法

（1）整箱装：整箱运费分三部分，总运费＝三部分费用的和。

①基本运费

基本运费＝单位基本运费×整箱数

②港口附加费

港口附加费＝单位港口附加费×整箱数

③燃油附加费

燃油附加费＝单位燃油附加费×整箱数

（2）拼箱装：拼箱运费只有基本运费，分按体积与重量计算两种方式

①按体积计算，X1＝单位基本运费（MTQ）×总体积

②按重量计算，X2＝单位基本运费（TNE）×总毛重

取 X1、X2 中较大的一个。

例如：商品 08003（儿童踏板车）要出口到加拿大，目的港是多伦多港口。试分别计算交易数量为 1 000 辆和 2 604 辆的海运费。

解：

第 1 步：计算产品体积与重量。

在"淘金网"的"产品展示"中，查到商品 08003 的体积是每箱 0.057 6CBM，每箱毛重 21KGS，每箱装 6 辆。根据查到的产品资料，先计算产品体积。

报价数量为 1 000 辆

总包装箱数＝1 000÷6＝166.6，取整 167 箱

总体积＝167×0.057 6＝9.6（CBM）

总毛重＝1 000÷6×21＝3 500KGS＝3.5（吨）

报价数量为 2 604 辆

总包装箱数＝2 604÷6＝434，总体积＝434×0.057 6＝24.998（CBM）

总毛重＝2 604÷6×21＝9 114KGS＝9.114（吨）

第 2 步：查运价。

在"淘金网"中"运费查询"里，查到运至加拿大多伦多港的基本运费为：每 20′集装箱 USD3290，每 40′集装箱 USD4 410，拼箱每体积吨（MTQ）USD151，每重量吨 USD216。

港口附加费为：每 20′集装箱 USD132，每 40′集装箱 USD176。

燃油附加费为：每 20′集装箱 USD160，每 40′集装箱 USD215。

此外，在"淘金网"中"银行"页，可查到美元的汇率为 6.826 1。

根据第 1 步计算出的结果来看，比照集装箱规格，1 000 辆的运费宜采用拼箱，2 604 辆的海运费宜采用 20′集装箱。

报价数量为 1 000 辆，按体积计算基本运费 = 9.6×151 = 1 449.6（美元）

按重量计算基本运费 = 3.5×216 = 756（美元）

两者比较，体积运费较大，船公司收取较大者，则基本运费为 USD1 449.6。

总运费 = 1 449.6×6.826 1 = 9 895.11（RMB）

报价数量为 2 604 辆，由于体积和重量均未超过一个 20′集装箱的体积与限重，所以装一个 20′集装箱即可

总运费 = 1×（3 290+132+160）×6.826 1

　　　 = 3 582×6.826 1

　　　 = 24 451.09（元）

7.5.8 保险费

出口交易中，在以 CIF 条件成交的情况下，出口商需要到"淘金网"中"保险费"页查询保险费率，用以核算保险费。如系 CFR 或 FOB 方式，此栏填"0"。计算公式如下：

保险费 = 保险金额×保险费率

保险金额 = CIF 货价×（1+保险加成率）

在进出口贸易中，根据有关的国际惯例，保险加成率通常为 10%，出口商也可根据进口商的要求与保险公司约定不同的保险加成率。

例：商品 03001 的 CIF 总价为 USD8 937.6，进口商要求按成交价格的 110%投保协会货物保险条款（A）（保险费率 0.8%）和战争险（保险费率 0.08%），试计算出口商应付给保险公司的保险费用。

解：保险金额 = 8 937.6×110% = 9 831.36（美元）

保险费 = 9 831.36×（0.8%+0.08%） = 86.52（美元）

查美元的汇率为 6.826 1，换算人民币 = 86.52×6.826 1 = 590.59（元）

注意：①因一切险（或 A 险）已包括了所有一般附加险的责任范围，所以在投保一切险（或 A 险）时，保险公司对一般附加险的各险别不会再另收费。投保人在计算保险金额时，一般附加险的保险费率可不计入。

②基本险只能选择一种投保，特殊附加险则在基本险的基础上加保，如果同时加保特殊附加险中的战争险和罢工险，费率只按其中一项计算，不累加（即同时投保战争险和罢工险，费率仍是 0.80‰，而不是 1.60‰）。

7.5.9 核销费

在"淘金网"的"其他费用"中，查到核销费为 RMB10/次。

可得：核销费 = RMB 10。

7.5.10 银行费用

不同的结算方式，银行收取的费用也不同（其中 T/T 方式出口地银行不收取费用），通常为总金额×银行费率，在"淘金网"的"其他费用"中可以查到相关费率。

例如：合同总金额为 USD28 846.4 时，分别计算在 L/C、D/P、D/A 方式下的银行费用（假设 L/C 方式时修改过一次信用证）。

解：

第 1 步：查询费率。

在"淘金网"的"其他费用"页中查得 L/C 通知费 RMB200/次、修改通知费 RMB100/次、议付费率 0.13%（最低 200 元）、D/A 费率 0.1%（最低 100 元，最高 2 000 元）、D/P 费率 0.1%（最低 100 元，最高 2 000 元）。

第 2 步：查询汇率。

在"银行"页中，查到美元的汇率为 6.826 1。

第 3 步：计算银行费用。

L/C 银行费用 = 28 846.4×0.13%×6.826 1 + 200 + 100 = 255.98 + 300 = 555.98（元）

D/P 银行费用 = 28 846.4×0.1%×6.826 1 = 196.91（元）

D/A 银行费用 = 28 846.4×0.1%×6.826 1 = 196.91（元）

7.5.11 其他费用

本栏主要包括的费用有：公司综合费用、检验证书费、邮费及产地证明书费。其中检验证书费为出口商在填写出境报检单时，所申请的检验证书，如健康证书、植物检疫证书等，每张证书收费 200 元。邮费则是在 T/T 方式下出口商向进口商邮寄单据时按次收取，每次 28 美元。

以上各项费用都可以在"淘金网"的"其他费用"页面中查到，根据本次合同的实际状况累加填入本栏中。

例如：T/T 方式下合同总金额为 USD8 846.4 时，请计算本栏应填入的金额。假设本次合同中申请了一张健康证书、一张原产地证明书，并寄送过一次货运单据给进口商。

解：

第 1 步：查询费率。

在"淘金网"的"其他费用"页面中查得出口商公司综合费率5%、证明书费RMB200/份、邮费USD28/次。

第2步：查询汇率。

在"银行"页中，查到美元的汇率为6.826 1。

第3步：计算其他费用。

其他费用=8 846.4×5%×6.826 1 + 200 + 200 + 28×6.826 1

     =3 019.32 + 400 + 191.13

     =369.45（元）

7.5.12 退税收入

在"淘金网"的"税率"页面中，输入商品海关编码进行查询（例如输入商品10001的海关编码33041000，查到出口退税率为17%，消费税从价计，为30%）。如果一笔合同涉及多项商品，则须分别计算再累加。

可得：商品出口退税收入=应退增值税 + 应退消费税 = 采购成本/（1+增值税率）×出口退税率 + 采购成本×消费税税率

7.5.13 利润

将以上各项收入与支出合起来运算，即可算出。

计算公式为：利润=合同金额+退税收入-采购成本-内陆运费-报检费-报关费-海运费-保险费-核销费-银行费用-其他费用

7.6 实验思考题

1. 一笔进出口贸易中会涉及哪些环节和哪些部门？
2. CIF+L/C 及 D/P+FOB 业务流程中，海运保险分别由谁来办理？

实验项目八 外贸流程操作（L/C+CIF）

8.1 实验目的

熟悉 L/C+CIF 业务流程操作，并能够在"产品展示"中选定一种商品，以五种不同角色熟练填写相关单据，完成整笔交易。

8.2 本实验的基本原理和方法(含实验数据处理的基本步骤)

参照《国际贸易实务》中"出口合同的磋商、订立和履行"等章节，明确信用证支付条件下的出口交易流程。

8.3 实验使用的仪器设备（软件）

南京世格外贸练习系统（SimTrade）。

8.4 实验要求

1. 明确 L/C+CIF 业务流程，熟悉各个按钮的功能，明确 1 人分饰 5 种角色的定位。

2. 分别以不同身份登录系统，完成业务流程操作。

3. 完成实验报告，记录重点步骤及实验心得。

8.5 实验内容(L/C+CIF 流程模拟)

步骤：依据以下步骤，以不同身份登录实习平台→完成流程操作→完成实验报告。见图 8.1。

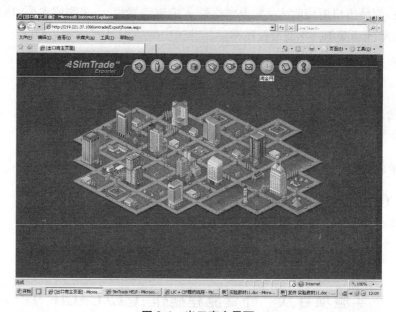

图 8.1　出口商主界面

8.5.1 交易准备与磋商

1. 学生以出口商角色登录，输入本人用户名和密码，在"选择用户类型"下拉框中选择"出口商"，点"登录系统"，进入出口商业务主界面。

2. 创建公司。点"资料"，进入资料录入界面，其中一些信息属于随机给定信息，不能自行更改，包括用户编号、账号、注册资金、单位代码、税务登记号、海关代码和电子邮件，其他空白项目可根据个人意愿逐项填写。范例如下：

公司全称（中文）：宏昌国际股份有限公司

公司全称（英文）：GRAND WESTERN TRADING CORP.

公司简称（中文）：宏昌

公司简称（英文）：GRAND

企业法人（中文）：刘铭华

企业法人（英文）：Minghua Liu

电话：86-25-23501213

传真：86-25-23500638

邮政编码：210005

网址：www.desunsoft.net

公司地址（中文）：南京市北京西路嘉发大厦 2501 室

公司地址（英文）：Room2501，Jiafa Mansion，Beijing West road，Nanjing 210005，P. R. China

公司介绍：我们是一家主营服装的外贸公司，长期以来致力于提高产品质量，信誉卓著，欢迎来函与我公司洽谈业务！

填写完毕后，点"确定"，信息即会保存，注意该资料信息会伴随整个流程，务必认真对待。同样，进口商、进口地银行、出口地银行以及工厂均涉及单位资料的填写，基本方法不变，只是需要切换不同的角色进行登录，然后进行填写。

3. 发布公司广告

点"业务中心"，再点标志为"广告公司"的建筑物，在弹出页面中点"发布广告"，逐项填写。范例如下：

输入标题：我公司经营各式男女 T 恤

输入关键字：T 恤

选择发布类型：公司广告

输入内容：我公司专业经营各式男女 T 恤，款式新颖，价格优惠，欢迎来函来电洽谈！

E-mail：xyz1@SimTrade

填写完毕后，点"确定"，成功发布公司广告。

4. 寻找商机

点"淘金网"，进入查询页面，在首页上查看通知以及各类市场信息与供求信息，包括出口商供应信息、出口商需求信息、进口商需求信息及供应商供应信息，从中选择自己需要的产品信息，准备进行沟通。

5. 查看交易对手

在淘金网页面中点"公司库"，可看到所有公司，找到对应的公司，再点"详细情况"，查看各公司具体资料。

6. 查看交易商品

点"产品展示"，可看到所有产品，从中选择自己打算交易的产品，再点"详细情况"，查看商品具体资料。注意，交易的产品必须处于产品展示范围之内，否则系统无法识别。

此外，"淘金网"中列明的其他栏目按钮（包括银行、运费查询、保险费、税率查询、其他费用）分别具有不同的功能：银行可以查询所有银行信息及今日汇率；运费查询可以查到到达不同港口的运费；保险费按钮可查到不同保险条款和不同险别的保险费费率；税费查询按钮可以查阅不同产品的各项税费费率；其他费用则包括不同角色除产品成本之外的其他交易费用，如检验费、报关费、信用证通知费等。

7. 交易磋商

与进口商建立业务关系（注：建立业务关系的邮件可由出口商发送，也可由进口商发送）。回到出口商业务主页面，点"邮件"，进入邮件系统，点"新建"，填写邮件内容如下：

收件人：对应进口商的邮件地址

主题：自拟

合同号：（此时未建立合同，不需填合同号）

内容栏：（范例如下）

Dear Mr. Carter,

We known your name and address from the website of www. SimTrade. net and note with pleasure the items of your demand just fall within the scope of our business line. First of all, we avail ourselves of this opportunity to introduce our company in order to be acquainted with you.

Our firm is a Chinese exporter of various fashion clothes. We highly hope to establish business relations with your esteemed company on the basis of mutual benefit in an earlier date. We are sending a catalogue and a pricelist under separate cover for your reference. We will submit our best price to you upon receipt of your concrete inquiry.

We are looking forward to receiving your earlier reply.

Yours faithfully,

Minghua Liu
Grand Western Trading Corp.

填写完毕后，点"发送"。交易对象在收到邮件后，会进行关于产品的进一步磋商，期间程序包括询盘、报价、还盘、接受等，从而完成交易磋商。

8.5.2 签订合同与履行

（1）起草外销合同（出口商角色）。从出口商主界面进入"业务中心"（按钮左5），在楼群中寻找标志为"进口商"的建筑物并点击，在弹出页面中点"起草合同"。输入合同号（如"Contract001"），输入对应的进口商编号，再输入办理相关业务的出口地银行编号，并勾选选项"设置为主合同"，再点"确定"，弹出合同表单，填写并保存，再在业务画面中点"检查合同"，确认合同填写无误。

合同起草中的注意事项：合同产品及数量选择。交易产品应属于产品展示范围之内，点击"淘金网"，选择产品展示，从中选取打算交易的产品；在合同中填写产品描述时，须加上产品的规格；交易数量依据本公司资金情况量力而为。

产品价格及币种的确定。交易价格要综合考虑国内市场与国际市场价格，首先以工厂身份登录系统，在当地市场查询成本价格，再以进口商身份登录系统，查询国际市场价格，比较后制定合适的合同价格。外销合同币种应与国际市场查询的币种一致。

（2）发送合同（出口商角色）。发送合同之前必须制做出口预算表。方法为：点"添加单据"，选中"出口预算表"前的单选钮，点"确定"，然后在"查看单据列表"中点出口预算表对应的单据编号（以后添加与填写单据都用此方法），弹出表单，填写出口预算表并保存。之后回到业务画面中，点"合同送进口商"；显示发送成功。

（3）进口商进行合同的确认（进口商角色）。进口商在确认之前，需要填写进口预算表。方法如下：从进口商主界面进入"业务中心"（按钮左5），在楼群中寻找标志为"出口商"的建筑物并点击，进入业务画面，根据合同内容添加并填写进口预算表，之后通过"修改合同"按钮在合同下方签字，再点击"确认合同"按钮。

（4）到银行领取并填写"进口付汇核销单"（进口商角色）。申领方法：进入业务中心寻找"进口地银行"并点击，在对话框中选择申领核销单，显示申领成功。填写方法：进入业务中心寻找"出口商"并点击，在对话框中选择"查看单据列表"，从中选择贸易进口付汇核销单并填写。

（5）添加并填写发送开证申请书（进口商角色）。方法为：进入业务中心寻找"进口地银行"并点击，在对话框中选择"信用证业务"，添加并填写，检查无误后发送。

（6）填写信用证并送进口商确认（进口地银行角色）。方法：以"进口地银行"身份登录系统，在主界面，选择"信用证"按钮（左5），在对话框中选择开证申请书后点击开证，之后填写信用证，检查无误后送进口商确认。

（7）进口商检查并同意信用证（进口商角色）。

（8）通知出口地银行（进口地银行角色）。

（9）信用证的审核与通知（出口地银行角色）。方法为：以出口地银行身份登录主界面，点击信用证按钮（左5），对信用证进行审核，并填写信用证通知书，通知出口商。

（10）接收合同确认邮件，接受信用证（出口商角色）。收取进口商已确认合同的通知邮件。在出口地银行转发信用证后，收取信用证已开立的通知邮件，然后回到"业务中心"，点"出口地银行"，再点"信用证业务"，进入信用证列表画面，查看信用证内容无误后，点"接受"。

（11）起草国内购销合同并送工厂（出口商角色）。应提前与工厂进行邮件联系，进行出口货源采购磋商，之后再起草合同。方法：在"业务中心"里点标志为"工厂"的建筑物，在弹出页面中点"起草合同"。输入合同号及对应的工厂编号，勾选选项"设置为主合同"，点"确定"。在弹出页面中填写国内买卖合同并保存，注意价格的确定应查询国内市场。之后回到业务画面，点"检查合同"，确认合同填写无误后，再点"合同送工厂"。

（12）工厂确认合同，组织生产，放货并到国税局缴税（工厂角色）。

（13）出口商备货、租船订舱（出口商角色）。工厂确认合同并生产放货后，出口商收取工厂已放货的通知邮件后，点"库存"，可看到所订购的货物已在库存列表中，备货完成。添加"货物出运委托书"并填写。填写完成后，在"业务中心"里点"船公司"，首先点"指定船公司"，选中"世格国际货运代理有限公司"，点"确定"。指定完成后再点"洽订舱位"，选择集装箱类型，填入装船日期，点"确定"，订舱完成。系统将返回"配舱通知"，点标志为"进口商"的建筑物里的"查看单据列表"，可查看"配舱通知"的内容。

（14）报检（出口商角色）。注意，在 SimTrade 中，交易商品是否需要出口检验，须在淘金网的"税率查询"页，输入商品的海关编码进行查询，可查到相对应的监管条件，点击代码符号，各代码的意义均列明于其中。若适用规定为必须申请出口检验取得出境货物通关单者，则应依规定办理。添加"出境货物报检单""商业发票"与"装箱单"，填写并保存。之后，回到"业务中心"，点"检验机构"，再点"申请报检"，选择单据"销货合同""信用证""商业发票""装箱单""出境货物报检单"后，点"报检"。报检完成后，检验机构给发"出境货物通关单"及出口商申请签发的相应检验证书。

（15）申请产地证（出口商角色）。添加"普惠制产地证明书"，填写并保存。之后回到"业务中心"，点"检验机构"，再点"申请产地证"，选择产地证类型为"普惠制产地证明书"，点"确定"，完成产地证的申请。

（16）办理保险（出口商角色）。添加"货物运输保险投保单"，填写并保存。之后回到"业务中心"，点"保险公司"，再点"办理保险"，选择单据"商业发票"和"货物运输保险投保单"，点"办理保险"，办理完成后，保险公司签发"货物运输保险单"。

（17）申领核销单（出口商角色）。点"外管局"，再点"申领核销单"，即从外管局取得"出口收汇核销单"，再到单据列表中进行填写。

（18）备案、送货、报关（出口商角色）。点"海关"，再点"备案"，即凭填好的出口收汇核销单办理备案。点"备案"右边的"送货"，将货物送到海关指定地点。之后添加"出口货物报关单"并填写保存。填写完成后，点"送货"右边的"报关"，选择单据"商业发票""装箱单""出境货物通关单"（不须出口检验的商品可免附）、"出口收汇核销单""出口货物报关单"，点"报关"。完成报关后，同时货物自动装船出运。

（19）取回提单、发送装船通知（出口商角色）。点"船公司"，再点"取回提单"，将提单取回。添加"Shipping Advice"，填写并保存，填写完成后，点"船公司"，再点"发送装船通知"，将装船通知发送给进口商。

（20）押汇（出口商角色）。添加"汇票"，填写并保存，之后回到"业务中心"，点"出口地银行"，再点"押汇"。选中单据"商业发票""装箱单""普惠制产地证明书""货物运输保险单"（CIF 条件时）、"海运提单""汇票"前的复选框，点"押汇"，完成押汇手续的办理。

注意：在出口商押汇之后，交易流程出现不同角色同时进行的不同业务活动。一方面，出口商开始进行结汇、出口核销等活动；另一方面，出口地银行将单据审核并通知进口地银行，后者继续通知进口商进行付款赎单。

（21）结汇（出口商角色）。收取银行发来的可以结汇的通知邮件，之后在"业务中心"里点"出口地银行"，再点"结汇"，结收货款，同时银行签发"出口收汇核销专用联"，用以出口核销。

（22）出口核销（出口商角色）。添加"出口收汇核销单送审登记表"，填写并保存，之后回到"业务中心"，点"外管局"，再点"办理核销"，选中单据"商业发票""出口货物报关单""出口收汇核销单""出口收汇核销专用联""出口收汇核销单送审登记表"前的复选框，点"核销"，完成核销手续的办理。同时外管局盖章后返还出口收汇核销单第三联，用以出口退税。

（23）出口退税。点"国税局"，再点"退税"，选中单据"商业发票""出口货物报关单""出口收汇核销单（第三联）"前的复选框，点"退税"，完成退税手续的办理。至此，该笔交易完成。出口商此时可去银行偿还贷款。

（24）出口地银行审单并通知进口地银行，后者继续通知进口商进行付款赎单（出口地银行、进口地银行角色）。

（25）付款赎单（进口商角色）。收取单据到达的通知邮件。回到"业务中心"，点"进口地银行"，再点"付款"，支付货款；之后再点"付款"旁边的"取回单据"，领取相关货运单据；之后点"业务中心"里的"船公司"，再点"换提货单"。

（26）报检（进口商角色）。（注：在 SimTrade 中，交易商品是否需要进口检验，须在淘金网的"税率查询"页，输入商品的海关编码进行查询，可查到相对应的监管条件，点击代码符号，各代码的意义均列明于其中。若适用规定为必须申请进口检验取得入境货物通关单者，则应依规定办理）。添加"入境货物报检单"，填写并保存，回到业务中心，点"检验机构"，再点"申请报检"，选择单据"销货合同""商业发票""装箱单""提货单""入境货物报检单"，点"报检"。报检完成后，检验机构签发"入境货物通关单"，凭以报关。

（27）报关、缴税、提货（进口商角色）。添加"进口货物报关单"，填写并保存，之后点"业务中心"里的"海关"，再点"报关"，选择"销货合同""商业发票""装箱单""提货单""入境货物通关单"（不须进口检验的商品可免附）"进口货物报关单"前的复选框，点"报关"。完成报关后，海关加盖放行章后返还提货单与进口报关单；点"报关"旁边的"缴税"，缴纳税款；再点"缴税"旁的"提货"，领取货物。

（28）付汇核销（进口商角色）。添加"进口付汇到货核销表"，填写并保存。之后回到"业务中心"，点"外管局"，再点"付汇核销"，选择单据"进口付汇核销单""进口货物报关单""进口付汇到货核销表"前的复选框，点"付汇核销"。

（29）销货（进口商角色）。点"业务中心"里的"市场"，再点"销货"，按照编号选择产品，点"确定"即可销售货物。至此，该笔交易完成。进口商此时可去银行偿还贷款。

8.6　实验思考题

1. L/C+CIF 流程的特点是什么？
2. 交易磋商一般要经历哪些环节？
3. L/C+CIF 流程中，出口商需要完成哪些交易环节？
4. L/C+CIF 流程中，进口商需要完成哪些交易环节？
5. L/C+CIF 流程中，银行的作用是什么？

实验项目九　外贸流程操作（D/P+FOB）

9.1　实验目的

熟悉 D/P+FOB 业务流程操作，并能够以 5 种不同角色熟练填写相关单据，完成整笔交易。

9.2　本实验的基本原理和方法（含实验数据处理的基本步骤）

参照《国际贸易实务》中"出口合同的磋商、订立和履行"等章节，明确托收支付方式下的出口交易流程。

9.3　实验使用的仪器设备（软件）

南京世格外贸练习系统（SimTrade）。

9.4　实验要求

1. 明确 D/P+FOB 业务流程，5 人为 1 组，明确各自角色定位。
2. 分别以不同身份登录系统，完成业务流程操作。
3. 完成实验报告，记录重点步骤及实验心得。

9.5　实验内容（D/P+FOB 流程模拟）

步骤：小组分配出口商、进口商、工厂、进口地银行、出口地银行不同角色；以不同身份登录实习平台，依据以下步骤，互相配合，完成流程操作并填写实验报告。

9.5.1　交易准备与磋商

利用已有的公司信息和资料，进行发布公司广告、寻找商机、查看交易对手、选择交易商品等业务行为，利用电子邮件与交易对象完成合同的磋商。

9.5.2　签订合同与履行

（1）起草外销合同、填写出口预算表并发送合同（出口商角色）。从出口商主界面进入"业务中心"，在楼群中寻找标志为"进口商"的建筑物并点击，在弹出页面中点"起草合同"，进行合同的起草，合同填写并保存，检查无误；添加出口预算表并填写，之后回到业务画面中，点"合同送进口商"；显示发送成功。

（2）进口商进行合同的确认（进口商角色）。进口商在确认之前，需要填写进口预算表。方法如下：从进口商主界面进入"业务中心"，在楼群中寻找标志为"出口商"的建筑物并点击，进入业务画面，根据合同内容添加并填写进口预算表，之后通过"修改合同"按钮在合同下方签字，再点击"确认合同"按钮。

（3）进口商指定船公司（进口商角色）。在"业务中心"里点"船公司"，在对话框中点"指定船公司"，选中"世格国际货运代理有限公司"，点"确定"。

（4）起草国内购销合同并送工厂（出口商角色）。应提前与工厂进行邮件联系，进行出口货源采购磋商，之后再起草合同。方法为：在"业务中心"里点标志为"工厂"的建筑物，在弹出页面中点"起草合同"。输入合同号及对应的工厂编号，并勾选选项"设置为主合同"，点"确定"，在弹出页面中填写国内买卖合同并保存，注意价格的确定应查询国内市场。之后回到业务画面，点"检查合同"，确认合同填写无误后，再点"合同送工厂"。

（5）工厂确认合同，组织生产，放货并到国税局缴税（工厂角色）。

（6）出口商洽定舱位（出口商角色）。工厂确认合同并生产放货后，出口商收取工厂已放货的通知邮件后，点"库存"，可看到所订购的货物已在库存列表中，备货完成；添加"货物出运委托书"并填写。填写完成后，在"业务中心"洽订舱位。

（7）出口报检（出口商角色）。（注意，在 SimTrade 中，交易商品是否需要出口检验，须在"淘金网"的"税率查询"页，输入商品的海关编码进行查询，可查到相对应的监管条件，点击代码符号，各代码的意义均列明其中。若适用规定为必须申请出口检验取得出境货物通关单者，则应依规定办理。）添加"出境货物报检单""商业发票"与"装箱单"，填写并保存。之后，回到"业务中心"，点"检验机构"，再点"申请报检"，选择单据"销货合同""信用证""商业发票""装箱单""出境货物报检单"后，点"报检"。报检完成后，检验机构给发"出境货物通关单"及出口商申请签发的相应检验证书。

（8）申请产地证（出口商角色）。添加"普惠制产地证明书"，填写并保存。之后回到"业务中心"，点"检验机构"，再点"申请产地证"，选择产地证类型为"普惠制产地证明书"，点"确定"，完成产地证的申请。

（9）申领核销单（出口商角色）。点"外管局"，再点"申领核销单"，即从外管局取得"出口收汇核销单"，再到单据列表中进行填写。

（10）备案、送货、报关（出口商角色）。点"海关"，再点"备案"，即凭填好的出口收汇核销单办理备案。点"备案"右边的"送货"，将货物送到海关指定地点。之后添加"出口货物报关单"并填写保存。填写完成后，点"送货"右边的"报关"，选择单据"商业发票""装箱单""出境货物通关单"（不须出口检验的商品可免附）"出口收汇核销单""出口货物报关单"，点"报关"。完成报关后，同时货物自动装船出运。

（11）取回提单并发送装船通知（出口商角色）。点"船公司"，再点"取回提单"，将提单取回。之后添加"Shipping Advice"，填写并保存，再点"船公司"发送装船通知给进口商。

（12）添加并填写"汇票"，向出口地银行交单托收（出口商角色）。汇票填写完成后，在单据列表中，选中单据"商业发票""装箱单""原产地证明书""海运提单"前的复选框，点"单据送进口商"按钮，完成交单手续的办理。

（13）结汇（出口商角色）。收取银行发来的可以结汇的通知邮件。之后在"业务中心"里点"出口地银行"，再点"结汇"，结收货款，同时银行签发"出口收汇核销专用联"，用以出口核销。

（14）出口核销（出口商角色）。添加"出口收汇核销单送审登记表"，填写并保存。之后回到"业务中心"，点"外管局"，再点"办理核销"，选中单据"商业发票""出口货物报关单""出口收汇核销单""出口收汇核销专用联""出口收汇核销单送审登记表"前的复选框，点"核销"，完成核销手续的办理。同时外管局盖章后返还出口收汇核销单第三联，用以出口退税。

（15）出口退税（出口商角色）。点"国税局"，再点"退税"，选中单据"商业发票""出口货物报关单""出口收汇核销单（第三联）"前的复选框，点"退税"，完成退税手续的办理。

（16）出口地银行审单并通知进口地银行，后者继续通知进口商进行付款赎单（出口地银行、进口地银行角色）。

（17）进口商收取装船通知并办理保险（进口商角色）。进口商收取装船通知已发送的通知邮件，方法是：到"业务中心"点"出口商"，再点"查看单据列表"，可查看"Shipping Advice"的内容。之后办理保险，方法是：添加"货物运输保险投保单"，填写并保存，之后回到"业务中心"，点"保险公司"建筑物，再点"办理保险"，选择单据"货物运输保险投保单"，点"办理保险"。办理完成后，保险公司签发"货物运输保险单"。

注意：已知 FOB 计算 CIF 时，利用公式 CIF＝FPB＋运费＋保险费，其中，运费在配舱通知或者装船通知中查询，保险费＝保险金额×保费费率。

（18）领核销单（进口商角色）。回到"业务中心"，点"进口地银行"建筑物，点"申领核销单"，即领取"贸易进口付汇核销单"，再点"出口商"建筑，进入"单据列表"中进行填写。

（19）支付货款、换提货单（进口商角色）。收取单据到达的通知邮件，进入"业务中心"，点"进口地银行"，再点"付款"，支付货款。换提货单方法：点"业务中心"里的"船公司"，再点"换提货单"。

（20）进口报检（进口商角色）。点"入境货物报检单"，填写并保存，回到"业务中心"，点"检验机构"建筑物，再点"申请报检"，选择单据"销货合同""商业发票""装箱单""提货单""入境货物报检单"前的复选框，点"报检"。报检完成后，检验机构签发"入境货物通关单"，凭以报关。

（21）报关、缴税、提货（进口商角色）。添加"进口货物报关单"，填写保存。

之后，点"业务中心"里的"海关"建筑物，点"报关"，选择"销货合同""商业发票""装箱单""提货单""入境货物通关单"（不须进口检验的商品可免附）、"进口货物报关单"前的复选框，点"报关"。完成报关后，海关加盖放行章后返还提货单与进口报关单。点"报关"旁边的"缴税"，缴纳税款。再点"缴税"旁的"提货"，领取货物。

（22）付汇核销（进口商角色）。添加"进口付汇到货核销表"，填写保存，回到"业务中心"，点"外管局"建筑，点"付汇核销"，选择单据"进口付汇核销单""进口货物报关单""进口付汇到货核销表"前的复选框，点"付汇核销"。

（23）销货（进口商角色）。点"业务中心"里的"市场"，再点"销货"，选择产品编号，点"确定"即可销售货物。至此，该笔交易完成。

9.6　实验思考题

1. D/P+FOB 流程的特点是什么？
2. D/P+FOB 流程中，出口商需要完成哪些交易环节？
4. D/P+FOB 流程中，进口商需要完成哪些交易环节？
5. D/P+FOB 流程中，银行的作用是什么？

实验项目十　外贸流程操作（L/C+CFR）

10.1　实验目的

熟悉 L/C+CFR 业务流程操作，5 个人一组，分别扮演 5 种不同角色完成 1 笔 L/C+CFR 的业务流程操作。

10.2　本实验的基本原理和方法（含实验数据处理的基本步骤）

参照《国际贸易实务》中"出口合同的磋商、订立和履行"等章节，明确信用证支付条件下的 CFR 术语出口交易流程。

10.3　实验使用的仪器设备（软件）

南京世格外贸练习系统（SimTrade）。

10.4　实验要求

1. 明确 L/C+CFR 业务流程，熟悉各个按钮的功能，明确一人分饰不同角色的定位。
2. 分别以不同身份登录系统，完成业务流程操作。
3. 完成实验报告，记录重点步骤及实验心得。

10.5 实验内容（L/C+CFR 流程模拟）

步骤：依据以下步骤，以不同身份登录实习平台→完成流程操作→完成实验报告。

L/C+CFR 业务流程

No.	工厂	出口商	出口地银行	进口地银行	进口商
1		起草外销合同			
2		添加并填写出口预算表			
3		合同送进口商			
4					添加并填写进口预算表
5					签字并确认外销合同
6					到银行领取并填写"进口付汇核销单"
7					添加并填写开证申请书
8					发送开证申请
9				根据申请书填写信用证	
10				送进口商确认	
11					对照合同查看信用证
12					同意信用证
13				通知出口地银行	
14			审核信用证		
15			填写信用证通知书		
16			通知出口商		
17		对照合同审核信用证			
18		接受信用证			
19		起草国内购销合同			
20		合同送工厂			
21	签字并确认购销合同				
22	组织生产				
23	放货给出口商				
24	到国税局缴税				
25		添加并填写货物出运委托书			

No.	工厂	出口商	出口地银行	进口地银行	进口商
26		指定船公司			
27		洽订舱位			
28		添加并填写报检单、商业发票、装箱单			
29		出口报检			
30		添加并填写产地证明书			
31		到相关机构申请产地证			
32		到外管局申领并填写核销单			
33		到海关办理核销单的口岸备案			
34		添加并填写报关单			
35		送货到海关			
36		出口报关,货物自动出运			
37		到船公司取提单			
38		添加并填写装船通知 Shipping Advice			
39		发送装船通知			
40		添加并填写汇票			查看装船通知
41		向出口地银行交单押汇			添加并填写投保单
42			审单		到保险公司投保
43			发送进口地银行		
44		到银行办理结汇		审单	
45		添加并填写出口收汇核销单送审登记表		通知进口商取单	
46		到外管局办理核销			到银行付款
47		到国税局办理出口退税			取回单据
48					到船公司换提货单
49					添加并填写报检单
50					进口报检
51					添加并填写报关单
52					进口报关
53					缴税
54					提货
55					添加并填写进口付汇到货核销表
56					到外管局办理进口付汇核销
57					到消费市场销货

10.6 实验思考题

1. L/C+CFR 流程的特点是什么？
3. L/C+CFR 流程中，出口商需要完成哪些交易环节？
4. L/C+CFR 流程中，进口商需要完成哪些交易环节？
5. L/C+CFR 流程中，银行的作用是什么？

实验项目十一　外贸流程操作（T/T+CIF）

11.1 实验目的

熟悉 T/T+CIF 业务流程操作，并能够以五种不同角色熟练填写相关单据，完成整笔交易。

11.2 本实验的基本原理和方法（含实验数据处理的基本步骤）

参照《国际贸易实务》中"出口合同的磋商、订立和履行"等章节，明确电汇支付条件下的 CIF 术语出口交易流程。

11.3 实验使用的仪器设备（软件）

南京世格外贸练习系统（SimTrade）。

11.4 实验要求

1. 明确 T/T+CIF 业务流程，5 人为 1 组，明确各自角色定位。
2. 分别以不同身份登录系统，完成业务流程操作。
3. 完成实验报告，记录重点步骤及实验心得。

11.5 实验内容（T/T+CIF 流程模拟）

步骤：小组分配出口商、进口商、工厂、进口地银行、出口地银行不同角色；依据步骤参考，以不同身份登录实习平台→完成流程操作→完成实验报告。

T/T+CIF 业务流程

No.	工厂	出口商	出口地银行	进口地银行	进口商
1		起草外销合同			
2		添加并填写出口预算表			
3		合同送进口商			
4					添加并填写进口预算表
5					签字并确认外销合同
6		起草国内购销合同			
7		合同送工厂			
8	签字并确认购销合同				
9	组织生产				
10	放货给出口商				
11	到国税局缴税				
13		添加并填写货物出运委托书			
14		指定船公司			
15		洽订舱位			
16		添加并填写报检单、商业发票、装箱单			
17		出口报检			
18		添加并填写产地证明书			
19		到相关机构申请产地证			
20		添加并填写投保单			
21		到保险公司投保			
22		到外管局申领并填写核销单			
23		到海关办理核销单的口岸备案			
24		添加并填写报关单			
25		送货到海关			
26		出口报关,货物自动出运			
27		到船公司取提单			
28		添加并填写装船通知 Shipping Advice			
29		发送装船通知			
30		将货运相关单据送进口商			

No.	工厂	出口商	出口地银行	进口地银行	进口商
31					查收单据
32					到银行领取并填写进口付汇核销单
33					付款
34		到银行办理结汇			到船公司换提货单
35		添加并填写出口收汇核销单送审登记表			添加并填写报检单
36		到外管局办理核销			进口报检
37		到国税局办理出口退税			添加并填写报关单
38					进口报关
39					缴税
40					提货
41					添加并填写进口付汇到货核销表
42					到外管局办理进口付汇核销
43					到消费市场销货

11.6 实验思考题

1. T/T+CIF 流程的特点是什么？
2. T/T+CIF 流程中，出口商需要完成哪些交易环节？
3. T/T+CIF 流程中，进口商需要完成哪些交易环节？
4. T/T+CIF 流程中，银行的作用是什么？

实验项目十二　外贸流程操作（T/T+CFR）

12.1 实验目的

熟悉 T/T+CFR 业务流程操作，5 个人一组，分别扮演 5 种不同角色完成 1 笔 T/T+CFR 的业务流程操作。

12.2 本实验的基本原理和方法（含实验数据处理的基本步骤）

参照《国际贸易实务》中"出口合同的磋商、订立和履行"等章节，明确电汇支付方式下的 CFR 术语出口交易流程。

12.3　实验使用的仪器设备（软件）

南京世格外贸练习系统（SimTrade）。

12.4　实验要求

1. 明确 T/T+CFR 业务流程，熟悉各个按钮的功能，明确一人分饰不同角色的定位。
2. 分别以不同身份登录系统，完成业务流程操作。
3. 完成实验报告，记录重点步骤及实验心得。

12.5　实验内容（T/T+CFR 流程模拟）

步骤：依据以下步骤，以不同身份登录实习平台→完成流程操作→完成实验报告。

T/T+CFR 业务流程

No.	工厂	出口商	出口地银行	进口地银行	进口商
1		起草外销合同			
2		添加并填写出口预算表			
3		合同送进口商			
4					添加并填写进口预算表
5					签字并确认外销合同
6		起草国内购销合同			
7		合同送工厂			
8	签字并确认购销合同				
9	组织生产				
10	放货给出口商				
11	到国税局缴税				
13		添加并填写货物出运委托书			
14		指定船公司			
15		洽订舱位			
16		添加并填写报检单、商业发票、装箱单			
17		出口报检			
18		添加并填写产地证明书			
19		到相关机构申请产地证			
20		到外管局申领并填写核销单			

No.	工厂	出口商	出口地银行	进口地银行	进口商
21		到海关办理核销单的口岸备案			
22		添加并填写报关单			
23		送货到海关			
24		出口报关，货物自动出运			
25		到船公司取提单			
26		添加并填写装船通知 Shipping Advice			
27		发送装船通知			
28		将货运相关单据送进口商			查看装船通知
29					添加并填写投保单
30					到保险公司投保
31					查收单据
32					到银行领取并填写进口付汇核销单
33					付款
34		到银行办理结汇			到船公司换提货单
35		添加并填写出口收汇核销单送审登记表			添加并填写报检单
36		到外管局办理核销			进口报检
37		到国税局办理出口退税			添加并填写报关单
38					进口报关
39					缴税
40					提货
41					添加并填写进口付汇到货核销表
42					到外管局办理进口付汇核销
43					到消费市场销货

12.6 实验思考题

1. T/T+CFR 流程的特点是什么？

2. T/T+CFR 流程中，出口商需要完成哪些交易环节？

3. T/T+CFR 流程中，进口商需要完成哪些交易环节？

4. T/T+CFR 流程中，银行的作用是什么？

实验项目十三　外贸流程操作（D/A+FOB）

13.1　实验目的

熟悉 D/A+FOB 业务流程操作，5 个人 1 组，分别扮演 5 种不同角色完成 1 笔 D/A +FOB 的业务流程操作。

13.2　本实验的基本原理和方法（含实验数据处理的基本步骤）

参照《国际贸易实务》中"出口合同的磋商、订立和履行"等章节，明确托收承兑交单支付方式下的 FOB 术语出口交易流程。

13.3　实验使用的仪器设备（软件）

南京世格外贸练习系统（SimTrade）。

13.4　实验要求

1. 明确 D/A+FOB 业务流程，熟悉各个按钮的功能，明确一人分饰不同角色的定位。
2. 分别以不同身份登录系统，完成业务流程操作。
3. 完成实验报告，记录重点步骤及实验心得。

13.5　实验内容（D/A+FOB 流程模拟）

步骤：依据以下步骤，以不同身份登录实习平台→完成流程操作→完成实验报告。

D/A+FOB 业务流程

No.	工厂	出口商	出口地银行	进口地银行	进口商
1		起草外销合同			
2		添加并填写出口预算表			
3		合同送进口商			
4					添加并填写进口预算表
5					签字并确认外销合同
6		起草国内购销合同			指定船公司
7		合同送工厂			
8	签字并确认购销合同				
9	组织生产				

No.	工厂	出口商	出口地银行	进口地银行	进口商
10	放货给出口商				
11	到国税局缴税				
13		添加并填写货物出运委托书			
14		洽订舱位			
15		添加并填写报检单、商业发票、装箱单			
16		出口报检			
17		添加并填写产地证明书			
18		到相关机构申请产地证			
19		到外管局申领并填写核销单			
20		到海关办理核销单的口岸备案			
21		添加并填写报关单			
22		送货到海关			
23		出口报关，货物自动出运			
24		到船公司取提单			
25		添加并填写装船通知 Shipping Advice			
26		发送装船通知			
27		添加并填写汇票			查看装船通知
28		向出口地银行交单托收			添加并填写投保单
29			审单		到保险公司投保
30			发送进口地银行		
31				审单	
32				通知进口商取单	
33					承兑汇票
34					取回单据
35					到船公司换提货单
36					添加并填写报检单
37					进口报检

No.	工厂	出口商	出口地银行	进口地银行	进口商
38					添加并填写报关单
39					进口报关
40					缴税
41					提货
42					到消费市场销货
43					到银行领取并填写进口付汇核销单
44					汇票到期时付款
45					添加并填写进口付汇到货核销表
46					到外管局办理进口付汇核销
47		到银行办理结汇			
48		添加并填写出口收汇核销单送审登记表			
49		到外管局办理核销			
50		到国税局办理出口退税			

13.6　实验思考题

1. D/A+FOB 流程的特点是什么？
2. D/A+FOB 流程中，出口商需要完成哪些交易环节？
3. D/A+FOB 流程中，进口商需要完成哪些交易环节？
4. D/A+FOB 流程中，银行的作用是什么？

第三部分　仿真竞技实验项目

实验项目十四　交易磋商仿真

14.1　项目背景参考

国内公司信息：

利 迪 贸 易 有 限 公 司

LIDI TRADING COMPANY LIMITED

地址：中国上海南京东路 1267 号

传真：021-64042588

电子信箱：dengjian214@ sina.com

ADD：NO. 1267 EAST NANJING ROAD, SHANGHAI, CHINA

FAX：021-64042588

E-MAIL：dengjian214@ sina. com

公司简介：本公司于 1952 年成立，专营玩具和工艺品，现在已经成为中国最大的进出口公司之一。公司的产品质量高，价格优惠，在世界各地的客户中享有较高声誉。2004 年 3 月本公司从互联网上得知美国的 DRAGON TOY CO. LTD. 欲求购中国产的遥控赛车（Telecontrol Racing Car）。客户的详细地址如下：

DRAGON TOY CO. LTD.

1180 CHURCH ROAD NEWYORK

PA 19446 U. S. A.

FAX：215-393-3921

E-MAIL ADDRESS：timzsh0516@ sina. com

实验要求 1：以出口商身份拟定建交信函。

14.2　交易信息参考

商品：遥控赛车（Telecontrol Racing Car）。

货号：18812, 18814, 18817, 18819。

包装方式：12 辆/纸箱，20 辆/纸箱，20 辆/纸箱，12 辆/纸箱。

尺码（cm）：72×36×48, 72×72×48, 72×72×48, 72×36×48。

毛/净重：12/9kgs，22/18kgs，22/18kgs，12/9kgs。

购货价格：150 元/辆，160 元/辆，170 元/辆，180 元/辆。

起订量：1 个 20′FCL，1 个 20′FCL，1 个 20′FCL，1 个 20′FCL。

已知遥控赛车的增值税为 17%，出口退税为 9%。

国内费用：出口包装费 15 元/纸箱，仓储费 5 元/纸箱。

一个 20′集装箱的国内运杂费 400 元，商检费 550 元，报关费 50 元，港口费 600 元，其他费用 1 400 元。

海运集装箱包箱费率由上海至纽约每一个 20′集装箱为 2 200 美元。

保险为发票金额加成 10% 投保一切险和战争险，费率为分别为 0.6% 和 0.3%。公司要求在报价中包括 10% 的预期利润，付款方式是即期信用证（美元汇率为实时汇率）。

客户询盘：

LIDI TRADING CO. LTD.

NO. 1267 EAST NANJING ROAD

SHANGHAI, CHINA

FAX：021-64042588

Dear Sirs,

We have received your letter together with your catalogues. Having thoroughly studied the catalogues, we find that your Telecontrol Racing Cars Art. No. 18812, 18814, 18817 and 18819 are quite suitable for our market. We may need one 20′ FCL each for JANUARY delivery. Please kindly inform us if you are able to supply and quote us your most favorable price for the above goods on the basis of CIFC3 NEWYORK with details, including packing, shipment, insurance and payment.

Your immediate attention will be highly appreciated.

With best regards!

Yours faithfully,

DRAGON TOY CO. LTD.

Charles Borgat

MANAGER

实验要求 2：依据客户要求，分别计算三种产品的 CIFC3 报价（提示：根据基础信息计算出产品的成本、海运费以及保险费用，再将佣金包含在内计算）。

实验要求 3：依据上述计算结果，给客户正式发实盘。要求：告知具体交易条件，实盘有效期为 7 天，并说明已经寄送免费样品，同时告知对方订单较多，库存紧缺，希望尽快订货。

不久收到客户还盘如下：

LIDA TRADING CO. LTD.

NO. 1267 EAST NANJING ROAD

SHANGHAI, CHINA

FAX：021-64042588

Dear Sirs,

We write to thank you for your offer of April22, 2004. However after a careful study of your quotation, we find that your price seems to be on the high side. It will leave us with almost no profit to accept your price.

We appreciate the quality of your products and are glad to have the opportunity to do business with you. We suggest that you make some allowance on your price. For your reference, the highest prices we can accept are as follows：

ART. NO. 18812 USD19. 40 /PIECE CIFC3 NEW YORK 2400 PieCES

ART. NO. 18814 USD20. 50 /PIECE CIFC3 NEW YORK 2000 PieCES

ART. NO. 18817 USD21. 80 /PIECE CIFC3 NEW YORK 2000 PieCES

ART. NO. 18819 USD22. 60 /PIECE CIFC3 NEW YORK 2400 PieCES

What is more, we want the shipment to be effected by the end of this July for some reason. Please take it into serious consideration and your early reply will be appreciated.

Best regards!

Yours faithfully,

DRAGON TOY CO. LTD.

Charles Borgat

MANAGER

我方第二次的发盘略。

客户成交函电：

LIDI TRADING CO. LTD.

NO. 1267 EAST NANJING ROAD

SHANGHAI, CHINA

FAX：021-64042588

E-MAIL：TIMZSH0516@ SINA. COM

Dear Sirs,

Your quotation of has been accepted and we are glad to place our order NO. Dragon9701 as follows：

ART. NO. 18812 USD19. 88 /PieCE CIFC3 NEW YORK

ART. NO. 18814 USD20. 66 /PieCE CIFC3 NEW YORK

ART. NO. 18817 USD21. 94 /PieCE CIFC3 NEW YORK

ART. NO. 18819 USD23. 06 /PieCE CIFC3 NEW YORK

Please pay attention that the shipment must be effected by the end of this Nov. Other terms and conditions are the same as we agreed before.

As this is the very first transaction we have concluded, your cooperation would be very much appreciated. Please send us your sales confirmation in duplicate for counter-signing.

Best regards！

Yours faithfully,

DRAGON TOY CO. LTD.

Charles Borgat

MANAGER

合同见附件。

14.3　客户开来的信用证

ADDRESS：50 HUQIU ROAD.

CABLE：CHUNGKUO

TELEX：33062 BOCSH E CN （信用证通知书）

SWIFT：BKCHCMBJ300 Notification of Documentary Credit

FAX：3232071 YEAR - MONTH - DAY

To：LIDI TRADING CO. LTD.

NO. 1267 EAST NANJING ROAD WHEN CORRESPONDING

PLEASE QUOTE OUR REF. NO. APR 11 2005

SHANGHAI，CHINA

Issuing Bank （开证行）

Chemical Bank New York

55 Water Street, Room 1702, New York , U. S. A. Transmitted to us through （转递行）

L/C NO. （信用证号） DATED （开证日期）

DRG-LDLCA21 April 11 2005 Amount （金额）

US $ 188256. 00

Dear sirs，（迳启者）

We have pleasure in advising you that we have received from the a/m bank a(n)

（兹通知贵司，我行收自上述银行）

( ) pre-advising of （预先通知）　　　　( ) mail confirmation of （证实书）

( ) telex issuing （电传开立）　　　　( ) uneffective （未生效）

(X) original （正 本）　　　　　　　( ) duplicate （副 本）

letter of credit, contents of which are as per attached sheet （s）.

This advice and the attached sheet （s） must accompany the relative documents when presented for negotiation.

（信用证一份，现随附通知。贵司交单时，请将本通知书及信用证一并提示。）

（x）Please note that this advice does not constitute our confirmation of the above L/C nor does it convey any engagement or obligation on our part.

（本通知书不构成我行对此信用证之保兑及其他任何责任。）

（ ）Please note that we have added our confirmation to the above L/C, negotiation is restricted to ourselves only.

（上述信用证已由我行加具保兑，并限向我行交单。）

Remarks：（备注：）

This L/C consists of two sheet（s）, including the covering letter and attachment（s）.

（本信用证连同面函及附件共 2 纸。）

If you find any terms and conditions in the L/C which you are unable to comply with and or any error（s）, it is suggested that you contact applicant directly for necessary amendment（s）of as to avoid any difficulties which may arise when documents are presented.

（如本信用证中有无法办到的条款及/或错误，请迳与开证申请人联系进行必要的修改，以排除交单时可能发生的问题。）

yours faithfully,

上海分行

信 用 证

通知章

FOR BANK OF CHINA

TEST CORRECT WITH US SHANGHAI

FROM：CHEMICAL BANK NEW YORK

OUR REF：NY980520004658001T01

TO ：BANK OF CHINA

SHANGHAI BRANCH

50 HUQIU ROAD, SHANGHAI

PEOPLE'S REP. OF CHINA

TEST：FOR USD/188, 256. 00 ON DATE 4/11

PLEASE ADVICE BENEFICIARY OF THE FOLLOWING LETTER OF CREDIT

ISSUED BY US IN THEIR FAVOR SUBJECT TO UCP 500：

DOCUMENTARY CREDIT NUMBER：DRG-LDLCA21

DATE AND PLACE OF EXPIRY ：May 31 , 2005 IN U. S. A.

APPLICANT ：DRAGON TOY CO. LTD. 1180 CHURCH ROAD NEW YORK, PA 19446 U. S. A.

BENEFICIARY：LIDI TRADING CO. LTD. NO. 1267 EAST NANJING ROAD SHANGHAI, CHINA

AMOUNT：USD188, 256. 00

SAY UNITED STATES DOLLARS ONE HUNDRED AND EIGHTY EIGHT THOUSAND TWO HUNDRED AND FIFTY SIX ONLY.

AVALIABLE WITH：ANY BANK

BY：NEGOTIATION OF BENEFICIARY'S DRAFT（S）AT 30 DAYS' SIGHT

DRAWN ON：

CHEMICAL BANK，NEW YORK，ACCOMPANieD BY THE DOCUMENTS INDICATED HEREIN.

COVERING SHIPMENT OF：

COMMODITY ART. NO. QUANTITY

TELECONTROL RACING CAR

18812 2000 PieCES

18814 2000 PieCES

18817 2000 PieCES

18818 2000 PieCES

SHIPPING TERMS：CIF

SHIPPING MARKS：LD-DRGSCA21/DRAGON TOY/NEW YORK/NO. 1-UP

DOCUMENTS REQUIRED：

1- 3 COPieS OF COMMERCIAL INVOICE SHOWING VALUE IN U. S. DOLLARS AND INDICATING L/C NO. AND CONTRACT NO……

2- 2COPieS OF PACKING LIST SHOWING GROSS/NET WEIGHT AND MEASURE-MENT OF EACH CARTON.

3- CERTIFICATE OF ORIGIN IN TRIPLICATE ISSUED BY CHINA CHAMBER OF IN-TERNATIONAL COMMERCE.

4- 2 COPieS OF INSURANCE POLICY OR CERTIFICATE ENDORSED IN BLANK FOR THE INVOICE VALUE OF THE GOODS PLUS 110% COVERING ISALL RKS AND WAR RISK AS PER AND SUBJECT TO OCEAN MARINE CARGO CLAUSES OF THE PEOPLE'S INSURANCE COMPANY OF CHINA DATED 1/1/1981.

5- 3/3 SET AND ONE COPY OF CLEAN ON BOARD OCEAN BILLS OF LADING MADE OUT TO ORDER AND BLANK ENDORSED MARKED FREIGHT PREPAID AND NO-TIFY APPLICANT.

PARTIAL SHIPMENTS：PERMITTED

TRANSSHIPMENTS：PERMITTED

SHIPMENT FROM：SHANGHAI, CHINA TO：NEW YORK

NOT LATER THAN：May 10, 2005

DOCUMENTS MUST BE PRESENTED WITHIN 15DAYS AFTER SHIPMENT, BUT WITHIN VALIDITY OF THE LETTER OF CREDIT.

INSTRUCTIONS TO THE PAYING/ACCEPTING /NEGOTIATING BANK

NEGOTIATING BANK IS TO FORWARD ALL DOCUMENTS IN ONE AIRMAIL

TO CHEMICAL BANK NEW YORK, 55 WATER STREET, ROOM 1702 , NEW YORK, NEW YORK 10041 ATTN：LETTER OF CREDIT DEPARTMENT

END OF MESSAGE

实验要求 4：如本信用证中有无法办到的条款及/或错误，请指出并与开证申请人联系进行必要的修改。

实验项目十五　交易流程仿真

15.1　项目背景参考

外贸公司：

南京思科纺织服装有限公司（简称思科）

NANJING SICO TEXTILE GARMENT CO., LTD.

ADD，HUARONG MANSION RM2901 NO. 85 GUANJIAQIAO NJING 210005. CHINA

TEL，0086-25-35784312

FAX，0086-25-35784513

国外客户：

FASHION FORCE CO. LTD. （简称 FF）

ADD，P. O. BOX 8935 NEW TERMINAL

ALTA，VISTA OTTAWA. CANADA

TEL，001-613-4563508

FAX，001-613-4562421

15.2　交易信息参考

交易商品：COTTON BLAZER（全棉运动上衣）。

成交方式：CIF。

付款方式：即期信用证（L/C AT SIGHT）。

通知行：中国银行江苏省分行。

出口口岸：上海。

服装加工厂：无锡季节制衣有限公司。

面、辅料工厂：无锡百合纺织有限公司。

货运代理公司：上海凯通国际货运代理有限公司。

承运船公司：中国远洋集装箱运输有限公司。

备注说明：

本案例涉及思科公司的部门有三个：业务部、单证储运部、财务部。其中，业务部负责接洽业务，单证储运部负责出运安排、制单、核销，财务部门负责应收及应付账款。

出口到加拿大的纺织品有配额限制，在准备单证时需注意及时申请输加拿大纺织品出口许可证，另须注意缮制加拿大海关发票等单证，及时寄出给客户用于进口清关。

本案例涉及贸易公司业务部、单证储运部、财务部三个部门，以及工厂、货运代理公司等。在实际业务中，租船订舱、报验、申领核销单、申请配额等工作往往是贸易公司的各个部门在同时进行的，次序不分先后。

15.3　交易流程

15.3.1　交易磋商

南京思科纺织服装有限公司（NANJING SICO TEXTILE GARMENT CO.，LTD，以下简称思科公司）成立于 1992 年，是经国家外经贸部批准的具有进出口经营权的贸易公司，从事纺织服装等产品进出口业务。公司拥有多家下属工厂，产品主要销往欧洲、美加地区及日本等国家和地区。

加拿大客户 FASHION FORCE CO.，LTD（以下简称 F. F. 公司）与思科公司是合作多年的业务伙伴。2000 年 12 月 2 日，F. F. 公司传真一份制作女式全棉上衣的指示书，并邮寄面料、色样及一件成衣样品给思科公司，要求思科公司 2001 年 3 月 25 日前交货，并回寄面料、色样及两件不同型号的成衣样品确认。

2000 年 12 月 8 日上午，思科公司收到该样件后，立即联络无锡百合纺织有限公司（面辅料工厂，以下简称百合纺织），根据 F. F. 公司提供的样件打品质样和色卡，然后用 DHL 邮寄给 F. F. 公司确认。

2001 年 12 月 12 日，F. F. 公司收到思科公司寄去的样件，回复确认合格，要求思科公司再寄两件不同型号的成衣样品供其确认。接此通知，思科公司立即联络无锡季节制衣有限公司（服装加工厂，以下简称季节制衣）赶制成衣样品。12 月 17 日下午，服装加工厂将两件不同型号的成衣样品送到思科公司。当天，思科公司又将该成衣样品用 DHL 邮寄给 F. F. 公司确认。

12 月 22 日，F. F. 公司收到思科公司寄去的成衣样品，确认合格，要求思科公司报价。当天，思科公司根据指示书要求，以面辅料工厂和服装厂的报价、公司利润等为基础向 F. F. 公司报价。经过多次磋商，12 月 26 日，双方最终确定以每件 USD12.80 的报价成交。F. F. 公司要求思科公司根据该份报价单制作合同传真其会签，同时传真形式发票供其开具信用证。

合同签订后，双方就成衣细节进行修改和最终确认。

相关单据：

◆指示书。

◆报价单。

◆外销合同。

◆形式发票。

15.3.2 落实信用证

2001年1月31日，中国银行江苏省分行通知思科公司收到 F. F. 公司通过 BNP PARIBAS（CANADA）MONTREAL 银行开来的编号为 63211020049 的信用证电开本。

其中与缮制单据有关的条款如下：

1. 开证行：BNP PARIBAS（CANADA）MONTREAL。

2. 通知行：中国银行江苏省分行。

3. 不可撤销信用证号：63211020049。开证日期：2001年1月29日。

4. 信用证有效期及地点：2001年4月10日，中国。

5. 申请人：FASHION FORCE CO., LTDP. O. BOX 8935 NEW TERMINAL, ALTA, VISTA OTTAWA, CANADA。

6. 受益人：NANJING SICO TEXTILE GARMENT CO., LTD. HUARONG MANSION RM2901 NO. 85 GUANJIAQIAO, NANJING210005, CHINA。

7. 信用证金额：USD32 640.00。

8. 商品描述：SALES CONDITIONS：CIF MONTREAL/CANADASALES CONTRACT NO. F01LCB05127LADIES COTTON BLAZER（100% COTTON, 40SX20/140X60）STYLE NO. PO NO. QTY/PCS USD/PC46-301A 10337 2550 12. 80。

9. 分批装运及转船运输：不允许分批装运，允许转运，从中国运至加拿大蒙特利尔港口。

10. 最后装船期：2001年3月25日。

11. 议付单据要求：

（1）商业发票六份，受益人代表签名。

（2）加拿大海关发票四份。

（3）3/3 全套正本已装船的清洁海运提单，抬头人为"TO THE ORDER OF BNP PARIBAS（CANADA）"，显示运费预付，通知人为开证人的名称和地址。

（4）明细装箱单三份。

（5）普惠制产地证一份副本（FORM A）。

（6）输加拿大纺织品出口许可证一份副本。

（7）受益人证明：证明装运后五天内，将普惠制产地证正本、输加拿大纺织出口许可证正本、商业发票副本、明细装箱单副本及正本提单的复印件已经由快递方式直接寄送给开证人，并附快件回执。

（8）提供开证人的传真确认函，确认货物在装运前生产的样品由开证人认可。

（9）印有承运人抬头的证明，显示承运公司的名称和地址、海运提单号、集装箱号。本次承运人的集装箱内不含有任何原生木料制成的支撑物或托盘，以及其他任何原生木制包装材料。

（10）客检证正本一份，要求出运前 15 天用 DHL 寄四件不同型号的成衣样品，经检验合格后由 F. F. 公司出具客检证。

（11）中国人民保险公司出具的保险单一份正本一份副本。

12. 附加条款：

（1）如果提供的单据不符合信用证条款的规定，每个不符点扣 55 美金。

（2）一切结算费用由受益人支付。

（3）本信用证的数量和金额有 3% 的溢短。

（4）所有的单据、证明、申明必须签字及标明日期。

（5）如下内容仅作参考：

● 请注意，从 1999 年 1 月 4 日开始，所有从中国运往加拿大的货物，如果包装物中含有木制成分，将被加拿大海关禁止。因为原生木质中含有一种亚州长角甲虫。

● 加拿大政府现在坚持所有进入加拿大的货物必须提供上述所有文件。

● 海运提单和商业发票必须证明如下内容：集装箱内不含有任何原生木料制成的支撑物或托盘，以及其他任何原生木制包装材料。

（6）受益人的银行账号为 0777103281054。

注意事项：

议付单据中有关客检证条款项，对我方公司极为不利。如果客户信誉良好，多会在样品检验合格后及时签发客检证明。但有些客户会故意拖延签发客检证的时间，导致我方不能及时交单议付。因此，遇到有此项条款的信用证，我方公司须特别注意及时寄样和催客户及时签发客检证。

相关单据：

◆信用证通知书。

◆信用证。

15.3.3　出口备货

收到信用证后，2001 年 2 月 1 日，思科公司立即与早已联络好的服装加工厂签订订购合同，指定服装厂使用百合纺织的面辅料。2 月 5 日，服装厂正式投产。

根据信用证规定，3 月 2 日，思科公司寄出四件不同型号的成衣样品给 F. F. 公司检验。3 月 6 日，F. F. 公司收到后，经检验合格，签发客检证正本一份并用 DHL 寄回给思科公司。

注意事项：

关于品质检验和客检证的签发，视客户检验的具体状况而定。一般不外乎有以下两种方式。其一，客户派员亲自来厂检验，检验合格后当场签发客检证，或该员将检验结果向客户汇报后，由客户将客检证寄给我方。在此种方式下，客户一般是在出运前 4~5 天来厂检验，此时工厂的加工、包装已基本结束，验货通过后即可安排出运。其二，将样品寄给客户检验，检验合格后，客户签发客检证并寄给我方。在此种方式下，一般客户会要求我方在出货前 10~15 天寄样品供其检验。

相关单据：

◆服装订购合同。

◆客检证。

15.3.4　租船订舱

本批出口商品系采用集装箱班轮运输，故在落实信用证及备货时，思科公司即向上海各家货运代理公司询价，最终确定委托上海凯通国际货运有限公司（以下简称上海凯通）代为订舱，以便及时履行合同及信用证项下的交货和交单的义务。

2001年3月9日，服装全部生产、包装完毕，工厂制作装箱单传真给思科公司。思科公司根据工厂报来的装箱单，结合合同及信用证货物明细描述，开列出仓通知单，单证储运部门根据出仓通知单、工厂制的装箱单、信用证统一缮制全套的出运单据。出运单据包括出口货物明细单、出口货物报关单、商业发票、装箱单。

单证储运部门先将出口货物明细单传真上海凯通配船订舱，确认配船和费用后，准备全套报关单据（出口货物明细单、报关委托书、出口货物报关单、商业发票、装箱单、出口收汇核销单、输加拿大纺织品出口许可证（海关联））寄到上海凯通用于报关、出运。同时，准备普惠制产地证用于出运后寄客户用于进口清关。

上海凯通在确认配船和费用后，传真送货通知给思科公司，要求思科公司3月16日中午前将货物运至指定仓库。

注意事项：

在FOB条件下，运输公司大多由客户指定。

15.3.5　出口报验

由于思科公司出口的全棉女式上衣属于法定检验的商品范围，在商品报关时，报关单上必须有商检机构的检验放行章方可报关。因此，2001年3月9日，思科公司寄出商业发票、装箱单、报检委托书，委托服装加工厂向无锡市商检局申请出口检验。

申请出口商品检验时，工厂必须填写出口商品检验申请单，并随附报检委托书、外销合同、信用证复印件、商业发票、装箱单、纸箱证等单据。

3月13日，此批货物经检验合格，无锡商检局出具换证凭单给工厂。当天，工厂将换证凭单寄给思科公司指定的上海凯通国际货运公司用于报关。

相关单据：

◆出口商品检验申请单。

◆报检委托书。

◆外销合同。

◆信用证。

◆商业发票。

◆装箱单。

◆换证凭单。

15.3.6　申领核销单

由于思科公司有计划内的核销单，2001年3月9日，单证员凭出口货物明细单在本公司申领核销单。

注意事项：

核销单已用完，须到外汇局申领出口收汇核销单。具体操作如下：

1. 在到外汇局申领核销单前，先上网向外汇局申请所需领用核销单份数。

2. 外汇局确认思科公司已上网申领核销单后，凭思科公司核销员所持本人操作员IC 卡、核销员证向该核销员发放核销单。

3. 外汇局根据思科公司网上申领的核销单份数和外汇局本地核销系统确认的出口企业可领单数两者中的较小数，向思科公司发放核销单。

相关单据：

◆出口货物明细单。

◆核销单。

15.3.7　申请配额

2001 年 3 月 9 日，思科公司向外经贸委申领纺织品配额。3 月 13 日，拿到已签发的输加拿大纺织品出口许可证。

注意事项：

对没有配额的公司而言，必须要申领到配额后方能出口。申领纺织品配额一般有以下几种方式：

1. 外经贸部、地方的外经贸厅每年下发给外贸公司定配额。

2. 外贸公司加入纺织品商会，通过商会每年举办的配额招标投标获取配额。

3. 找有配额的公司调剂：一种是纺织商会组织的公开的调剂，一种是私下的不规范的转卖。

相关单据：

◆输加拿大纺织品出口许可证。

15.3.8　出口报关

单证部门拿到核销单和输加拿大纺织品出口许可证后，2001 年 3 月 13 日，将上海凯通报关所需的报关委托书、出口货物报关单、出口收汇核销单、商业发票、装箱单、外销合同、输加拿大纺织品出口许可证用快件寄出。

3 月 14 日，上海凯通收到思科公司寄来的上述单据。

3 月 15 日上午，上海凯通收到工厂寄来的商检换证凭单，当天下午凭此单到上海出入境检验检疫局换取出境货物通关单。

3 月 16 日上午，思科公司根据上海凯通的送货通知按时将货物送到上海凯通指定的仓库。

根据新的海关报关规定要求：货物的出口报关必须在货物进入港口仓库或集装箱整箱进入堆场后才能进行。由于 17、18 号是周六、周日，故 3 月 16 日下午，上海凯通即向上海海关报关，以免耽误 3 月 20 日的船期。

上海凯通在报关前，先上网向上海海关进行核销单的口岸备案，并如实向海关申报成交方式（CIF），按成交方式申报成交总价、运费等，以后外汇局即根据实际成交方式及成交总价办理收汇核销手续。

报关时须填写中华人民共和国海关出口货物报关单（白色的报关联和黄色的出口退税联），并附报关委托书、商业发票、装箱单、出口收汇核销单、出境货物通关单、输加拿大纺织品出口许可证等单证向海关报关，海关依此份报关单验货，并退回已盖章的核销单和两份报关单。报关通过后，上海凯通安排集装箱拖货至船公司指定的码头。

注意事项：

1. 未进行口岸备案的核销单不能用于出口报关，对已备案成功的核销单，还可变更备案。

2. 报关时必须出具出口收汇核销单，否则海关不予受理。货物出境后，海关在核销单上加盖放行章或验讫章，并随同加盖海关验讫章的一份带有海关编号的白色报关单、一份黄色的报关单出口退税联，一同返还口岸代理上海凯通（从上海海关退回一般需1个月左右），最后口岸代理上海凯通寄给思科公司用于向外汇管理部门核销。

3. 纺织品出口许可证是政府机关批准配额纺织品出口的证明文件，其作用是出口商凭此办理出口报关和进口商凭此申领进口许可证并办理进口报关手续。因此，出口加拿大的纺织品在报关时必须要附加拿大纺织品出口许可证，否则海关不予受理。

相关单据：

◆报关委托书。

◆出口货物报关单。

◆出口收汇核销单。

◆商业发票。

◆装箱单。

◆外销合同。

◆输加拿大纺织品出口许可证。

◆商检换证凭单。

◆出境货物通关单。

◆送货通知。

15.3.9 出口保险

由于是按 CIF 条件成交，保险由思科公司办理。因此，2001 年 3 月 16 日，思科公司按约定的保险险别和保险金额，向保险公司投保。投保时应填制投保单和支付保险费（保险费＝保险金额×保险费率），并随附商业发票，保险公司凭此出具保险单。

注意事项：

实际业务中，一些和外贸公司长期合作的保险公司，有时只须外贸公司提供商业发票，甚至可以不填制投保单，直接凭商业发票出具保险单。

相关单据：

◆出口货物运输保险投保单。

◆商业发票。

◆货物运输保险单。

15.3.10 装船出运

上海凯通接受思科公司的订舱委托后，2001 年 3 月 12 日，根据思科公司提供的出口货物明细单缮制集装箱货物托运单，这是外运机构向船公司订舱配载的依据。该托运单一式数联，分别用于货主留底、船代留底、运费通知、装货单（Shipping Order：S/O）、缴纳出口货物港务费申请书、场站收据、货代留底、配舱回单、场站收据副本（Mate's Receipt：M/R）的大副联等。其中比较重要的单据有：装货单和场站收据副本。

3 月 19 日，货物离港前，上海凯通传真海运提单给思科公司确认。

3 月 20 日，在确定货物安全离港后，思科公司传真装运通知给 F. F. 公司。

3 月 22 日，思科公司将海运提单复印件、输加拿大纺织品出口许可证（正本）、商业发票、装箱单、加拿大海关发票、普惠制产地证用 DHL 寄给 F. F. 公司供其用于进口清关，同时将 DHL 回执留存准备缮制议付单据。

注意事项：

将来船公司签发的提单上相应栏目的填写也会参照订舱委托书的写法。因此，托运人、收货人、通知人这三栏的填写应该严格按照信用证提单条款的相应规定填写。

相关单据：

◆出口货物明细单。

◆装货单。

◆场站收据副本。

◆装运通知。

◆海运提单。

◆输加拿大纺织品出口许可证（正本）。

◆商业发票。

◆装箱单。

◆加拿大海关发票。

◆普惠制产地证。

◆ DHL 回执。

15.3.11 制单结汇

在办理货物出运工作的同时，思科公司也开始了议付单据的制作。2001 年 3 月 20 日，上海凯通国际货运代理有限公司作为承运人中国远洋运输公司下属的中远集装箱运输有限公司的代理，签发了 COS6314623142 号提单。根据信用证的规定，思科公司备齐了全套议付单据（3/3 海运提单正本、商业发票、装箱单、普惠制产地证、受益人证明、客检证、货物运输保险单），于 4 月 2 日向议付银行中国银行江苏省分行交单议付。

相关单据：

◆海运提单（3/3）。

◆商业发票。

◆装箱单。

◆普惠制产地证。

◆受益人证明。

◆客检证。

◆货物运输保险单。

15.3.12 财务付款

3月22日，思科公司的财务人员收到上海凯通寄来的海运费发票和港杂费发票。

3月27日，收到服装厂寄来的增值税发票和出口专用缴款书。

议付单据交单后，3月30日，财务人员向服装厂支付货款，并和上海凯通结清海运费、港杂费等费用，同时催上海凯通退核销单。

相关单据：

◆海运费发票。

◆港杂费发票。

◆增值税发票。

◆出口专用缴款书。

15.3.13 收汇核销

4月20日，思科公司收到上海凯通寄来的上海海关退回的出口收汇核销单和报关单。当天，核销员在网上将此核销单向外汇局交单，并在网上交单时，对核销单、报关单的电子底账数据进行了认真的核对。

2001年4月23日，思科公司收到银行的收汇水单，开证行已如数付款。至此，该笔交易已安全收汇。

网上交单成功之后，4月24日，核销员持纸质的收汇水单（即出口收汇核销专用联，经银行盖有出口收汇核销专用章）、出口收汇核销单（已经出口海关盖章，第三联）、报关单（白色报关联，海关已盖章）、商业发票及自制的核销单送审登记表（外汇局留存联）到外汇局办理核销手续。核销完毕后，外管局当场将加盖已核销章的核销单（出口退税联）退回给思科公司。

核销完成后，核销员将上述单据转交财务办税人员办理退税事宜。

相关单据：

◆出口收汇核销。

◆报关单。

◆收汇水单。

◆商业发票。

◆核销单送审登记表。

15.3.14　出口退税

2001 年 4 月 25 日，思科公司的财务办税人员将公司需要办理认证的增值税发票整理后一并申报国税局进行发票认证。当天，拿到国税局认证结果通知书和认证清单。

4 月 26 日，财务办税人员将退税要用的单据收集齐全无误后装订成册。其中，核销单（外管退回的出口退税专用联）、报关单（黄色出口退税联）、商业发票为一册，增值税发票（抵扣联）、出口专用缴款书、认证结果通知书、认证清单为一册，财务办税人员在退税申报软件中逐条录入进货明细及申报退税明细。录入完毕，核对无误后打印并生成退税处所需要的表格及软盘，连同外贸企业出口货物退税汇总申报审批表送交外经委稽核处加盖稽核章。

2001 年 5 月 7 日，财务办税人员将上述资料送交国税局稽核部门待批。5 月 28 日，接到国税局通知，于 5 月 7 日申报的资料已通过。5 月 29 日，财务人员到银行查询，查到申报退税额已足额退回。至此，该笔业务顺利完成。

相关单据：

◆认证结果通知书。

◆认证清单。

◆核销单。

◆报关单（退税联）。

◆商业发票。

◆增值税发票（抵扣联）。

◆出口专用缴款书。

◆外贸企业出口货物退税汇总申报审批表。

实验要求：依据项目提供信息，竞技小组分别扮演出口商和进口商拟订外销合同，并在其他部门的配合下填制相关单据，执行完整交易流程（注：本实验单据既可以选择电子单据也可以选择纸质单据，实验之前须设置相关职能部门并准备单据）。

实验项目十六　合同签订及进出口预算仿真

16.1　项目背景参考

上海华信贸易公司（Shanghai Huaxin Trading Co. Ltd）始建于 1990 年，是一家综合型贸易公司。其经营范围包括机电设备、金属材料、建筑材料、化工原料、轻工产品等。公司与多家供货厂商有固定的业务往来，货源基础雄厚。同时，面对多变的国际市场，公司也十分重视新产品的开发。例如，日用品部与其挂钩工厂联手开发了一项新产品——HX 系列餐茶具。该系列餐茶具选用上等瓷土烧制，以精美礼盒包装，加之手工绘制图案，美观大方、质量上乘，极具竞争力。

公司地址：中国上海金陵路 623 号 金仕达大厦 29 层

邮编：200002

电话：021-62597480　传真：021-62597490

16.2　建立业务关系

2014 年 3 月上海华信公司日用品部业务员赵建国在《国际商报》上看到一则求购餐茶具的信息。对方信息如下：

Mr. Paul Lockwood

Purchasing Division

James Brown & Sons

#362 Jalan Street，Toronto，Canada

Tel：（+01）7709910

Fax：（+01）7701100

E-mail：lock@ www . jbs . com . cnd

赵建国遂即与之取得联系。

实验要求 1：拟定建交信函。

根据前述背景资料，以上海华信贸易公司日用品部业务员赵建国的身份，给 James Brown & Sons 公司去函，表达与之建立业务关系的热切愿望，并随寄 HX 系列瓷器的商品目录。

16.3　订立出口合同

建立业务关系的邮件发出不久，上海华信公司收到加拿大 James Brown & Sons 公司的回复。后经过多次交易磋商，华信贸易公司和加拿大 James Brown & Sons 公司就陶瓷餐茶具的各项交易条件达成共识。概括如下：

1. 卖方（Seller）

上海华信贸易有限公司

SHANGHAI HUAXIN TRADING CO., LTD.

29TH FLOOR KINGSTAR MANSION, 623JINLIN RD., SHANGHAI CHINA

2. 买方（Buyer）

JAMES BROWN & SON.

#362 JALAN STREET, TORONTO, CANADA

3. 货号品名规格

CHINESE CERAMIC DINNERWARE

12001　　CHINESE CERAMIC DINNERWARE 48-Piece Dinnerware and Tea Set

　　　　520SETS　　USD230. 50/SET

12002　　CHINESE CERAMIC DINNERWARE 20-Piece Dinnerware Set

　　　　560SETS　　USD120. 40/SET

4. 唛头

出货前客户通知。

5. 成交价格条件

CIFC5 TORONTO。

6. 包装条件

纸箱包装。12001 每箱装 1 套，12002 每箱装 2 套，共 800 箱。

7. 交货/装运条件

货物用集装箱自中国经海运至加拿大多伦多港，装运期为 2014 年 6 月。

8. 保险条件

由买方按 CIF 成交金额的 110%投保中国人民保险公司海运货物水渍险、碰损破碎险和战争险。

9. 付款条件

不可撤销即期信用证付款。

实验要求 2：签订出口合同。根据上述成交条件签订出口合同，要求格式清楚、条款明确、内容完整。合同编号为 SHXW03027。

实验要求 3：填制出口预算表（注：出口预算表要以本币形式表示；与工厂签订的国内购销合同价格分别为 12001 600 元人民币，12002 400 元人民币；预算表需要的其他信息参见 Simtrade 淘金网；竞赛期间，教师可以调整成交数量及价格）。

第四部分　实验报告

课程名称＿＿＿＿＿＿＿＿＿＿＿＿＿＿＿＿＿＿＿

实验学期＿＿＿＿＿＿年至＿＿＿＿＿年第＿＿＿＿＿学期

＿＿＿＿＿＿学院＿＿年级＿＿＿＿＿专业＿＿＿班级

姓名＿＿＿＿＿＿＿＿＿＿学号＿＿＿＿＿＿＿＿＿＿

指导教师＿＿＿＿＿＿＿＿＿＿＿＿＿＿＿＿＿＿＿＿

实验最终成绩＿＿＿＿＿＿＿＿＿＿＿＿＿＿＿＿＿

国际贸易模拟实验报告（1）

实验项目	交易磋商及合同订立	实验时间（学时）		实验地点	
实验成绩(百分制)		实验性质	□演示性 ☑验证性 □综合性		
指导教师					

学生填写：

一、实验目的与任务

二、实验内容（关键步骤、主要数据、结果描述）

三、实验思考题

四、实验分析总结（心得体会、疑问建议）

教师评阅：

　　☐实验目的明确　　　　☐实验提交及时　　　　☐实验步骤正确

　　☐实验结果合理　　　　☐实验分析总结全面　　☐实验思考题正确

　　评语及成绩：_____

　　_____

　　_____

　　　　　　　　　　　评阅教师：　　　　　　　评阅时间：

国际贸易模拟实验报告（2）

实验项目	信用证开立及审核	实验时间（学时）		实验地点	
实验成绩(百分制)		实验性质	□演示性	☑验证性	□综合性
指导教师					

学生填写：

一、实验目的与任务

二、实验内容（关键步骤、主要数据、结果描述）

三、实验思考题

四、实验分析总结（心得体会、疑问建议）

教师评阅：

□实验目的明确　　　　□实验提交及时　　　　□实验步骤正确

□实验结果合理　　　　□实验分析总结全面　　□实验思考题正确

评语及成绩：＿＿＿＿＿＿＿＿＿＿＿＿＿＿＿＿＿＿＿＿＿＿＿＿＿

＿＿＿＿＿＿＿＿＿＿＿＿＿＿＿＿＿＿＿＿＿＿＿＿＿＿＿＿＿＿＿＿

＿＿＿＿＿＿＿＿＿＿＿＿＿＿＿＿＿＿＿＿＿＿＿＿＿＿＿＿＿＿＿＿

评阅教师：　　　　　　　　　评阅时间：

国际贸易模拟实验报告（3）

实验项目	发票及装箱单填制	实验时间（学时）		实验地点	
实验成绩（百分制）		实验性质	□演示性	☑验证性	□综合性
指导教师					

学生填写：

一、实验目的与任务

二、实验内容（关键步骤、主要数据、结果描述）

三、实验思考题

四、实验分析总结（心得体会、疑问建议）

教师评阅：

☐实验目的明确　　　　☐实验提交及时　　　　☐实验步骤正确

☐实验结果合理　　　　☐实验分析总结全面　　☐实验思考题正确

评语及成绩：_____

_____

_____

评阅教师：　　　　　　　评阅时间：

国际贸易模拟实验报告（4）

实验项目	出口货物明细单及提单填制	实验时间（学时）		实验地点	
实验成绩(百分制)		实验性质	□演示性　　☑验证性　　□综合性		
指导教师					

学生填写：

一、实验目的与任务

二、实验内容（关键步骤、主要数据、结果描述）

三、实验思考题

四、实验分析总结（心得体会、疑问建议）

教师评阅：

　□实验目的明确　　　□实验提交及时　　　□实验步骤正确

　□实验结果合理　　　□实验分析总结全面　□实验思考题正确

评语及成绩：_____

_____

_____

评阅教师：　　　　　　　评阅时间：

国际贸易模拟实验报告（5）

实验项目	保险单、原产地证明及报检单的填制	实验时间（学时）		实验地点	
实验成绩(百分制)			实验性质	☐演示性　☑验证性　☐综合性	
指导教师					

学生填写：

一、实验目的与任务

二、实验内容（关键步骤、主要数据、结果描述）

三、实验思考题

四、实验分析总结（心得体会、疑问建议）

教师评阅：

　　□实验目的明确　　　□实验提交及时　　　□实验步骤正确

　　□实验结果合理　　　□实验分析总结全面　　　□实验思考题正确

评语及成绩：_____

_____

_____

评阅教师：　　　　　　　　　评阅时间：

国际贸易模拟实验报告（6）

实验项目	报关单及汇票的填制	实验时间（学时）		实验地点	
实验成绩(百分制)		实验性质	□演示性 ☑验证性 □综合性		
指导教师					

学生填写：

一、实验目的与任务

二、实验内容（关键步骤、主要数据、结果描述）

三、实验思考题

四、实验分析总结（心得体会、疑问建议）

教师评阅：

　　□实验目的明确　　　□实验提交及时　　　□实验步骤正确

　　□实验结果合理　　　□实验分析总结全面　□实验思考题正确

　　评语及成绩：＿＿＿＿＿＿＿＿＿＿＿＿＿＿＿＿＿＿＿＿＿＿

＿＿＿＿＿＿＿＿＿＿＿＿＿＿＿＿＿＿＿＿＿＿＿＿＿＿＿＿＿＿

＿＿＿＿＿＿＿＿＿＿＿＿＿＿＿＿＿＿＿＿＿＿＿＿＿＿＿＿＿＿

　　　　　　　　　　　　评阅教师：　　　　　　评阅时间：

国际贸易模拟实验报告（7）

实验项目	SimTrade 实习平台及进出口预算表的填写	实验时间（学时）		实验地点	
实验成绩（百分制）		实验性质	□演示性　　☑验证性		□综合性
指导教师					

学生填写：

一、实验目的与任务

二、实验内容（关键步骤、主要数据、结果描述）

三、实验思考题

四、实验分析总结（心得体会、疑问建议）

教师评阅：

    □实验目的明确   □实验提交及时   □实验步骤正确

    □实验结果合理   □实验分析总结全面   □实验思考题正确

    评语及成绩：_____

_____

_____

                         评阅教师：   评阅时间：

国际贸易模拟实验报告（8）

实验项目	外贸流程操作 （L/C+CIF）	实验时间 （学时）		实验地点	
实验成绩(百分制)		实验性质	☐演示性	☑验证性	☐综合性
指导教师					

学生填写：

一、实验目的与任务

二、实验内容（关键步骤、主要数据、结果描述）

关键步骤依据五种角色分别填写。

三、实验思考题

四、实验分析总结（心得体会、疑问建议）

教师评阅：

☐实验目的明确　　　☐实验提交及时　　　☐实验步骤正确

☐实验结果合理　　　☐实验分析总结全面　　☐实验思考题正确

评语及成绩：_____

_____

_____

评阅教师：　　　　　　评阅时间：

国际贸易模拟实验报告（9）

实验项目	外贸流程操作 （D/P+FOB）	实验时间 （学时）		实验地点	
实验成绩(百分制)		实验性质	□演示性	☑验证性	□综合性
指导教师					

学生填写：

一、实验目的与任务

二、实验内容（关键步骤、主要数据、结果描述）

注明小组角色分配及交易品种，实验步骤及数据只填写本人角色。

三、实验思考题

四、实验分析总结（心得体会、疑问建议）

教师评阅：

□实验目的明确　　　　□实验提交及时　　　　□实验步骤正确

□实验结果合理　　　　□实验分析总结全面　　□实验思考题正确

评语及成绩：_____

_____

_____

评阅教师：　　　　　　　　评阅时间：

国际贸易模拟实验报告（10）

实验项目	外贸流程操作 （L/C+CFR）	实验时间 （学时）		实验地点	
实验成绩（百分制）		实验性质	□演示性	☑验证性	□综合性
指导教师					

学生填写：

一、实验目的与任务

二、实验内容（关键步骤、主要数据、结果描述）
注明小组角色分配及交易品种，实验步骤及数据只填写本人角色。

三、实验思考题

四、实验分析总结（心得体会、疑问建议）

教师评阅：

□实验目的明确　　　　□实验提交及时　　　　□实验步骤正确

□实验结果合理　　　　□实验分析总结全面　　□实验思考题正确

评语及成绩：_____

_____

_____

评阅教师：　　　　　　评阅时间：

国际贸易模拟实验报告（11）

实验项目	外贸流程操作 （T/T+CIF）	实验时间 （学时）		实验地点	
实验成绩（百分制）		实验性质	□演示性	☑验证性	□综合性
指导教师					

学生填写：

一、实验目的与任务

二、实验内容（关键步骤、主要数据、结果描述）
注明小组角色分配及交易品种，实验步骤及数据只填写本人角色。

三、实验思考题

四、实验分析总结（心得体会、疑问建议）

教师评阅：

    □实验目的明确   □实验提交及时   □实验步骤正确

    □实验结果合理   □实验分析总结全面   □实验思考题正确

    评语及成绩：_____

_____

_____

                评阅教师：   评阅时间：

国际贸易模拟实验报告（12）

实验项目	外贸流程操作（T/T+CFR）	实验时间（学时）		实验地点	
实验成绩（百分制）			实验性质	□演示性　☑验证性　□综合性	
指导教师					

学生填写：

一、实验目的与任务

二、实验内容（关键步骤、主要数据、结果描述）
注明小组角色分配及交易品种，实验步骤及数据只填写本人角色。

三、实验思考题

四、实验分析总结（心得体会、疑问建议）

教师评阅：

□实验目的明确　　　　□实验提交及时　　　　□实验步骤正确

□实验结果合理　　　　□实验分析总结全面　　□实验思考题正确

评语及成绩：＿＿＿＿＿＿＿＿＿＿＿＿＿＿＿＿＿＿＿＿＿＿

＿＿＿＿＿＿＿＿＿＿＿＿＿＿＿＿＿＿＿＿＿＿＿＿＿＿＿＿＿＿

＿＿＿＿＿＿＿＿＿＿＿＿＿＿＿＿＿＿＿＿＿＿＿＿＿＿＿＿＿＿

评阅教师：　　　　　　　　　评阅时间：

国际贸易模拟实验报告（13）

实验项目	外贸流程操作 （D/A+FOB）	实验时间 （学时）		实验地点	
实验成绩（百分制）			实验性质	□演示性　　☑验证性　　□综合性	
指导教师					

学生填写：

一、实验目的与任务

二、实验内容（关键步骤、主要数据、结果描述）
注明小组角色分配及交易品种，实验步骤及数据只填写本人角色。

三、实验思考题

四、实验分析总结（心得体会、疑问建议）

教师评阅：

□实验目的明确　　　　□实验提交及时　　　　□实验步骤正确

□实验结果合理　　　　□实验分析总结全面　　□实验思考题正确

评语及成绩：＿＿＿＿＿＿＿＿＿＿＿＿＿＿＿＿＿＿＿＿＿＿＿＿＿＿

＿＿＿＿＿＿＿＿＿＿＿＿＿＿＿＿＿＿＿＿＿＿＿＿＿＿＿＿＿＿＿＿

＿＿＿＿＿＿＿＿＿＿＿＿＿＿＿＿＿＿＿＿＿＿＿＿＿＿＿＿＿＿＿＿

评阅教师：　　　　　　　　　评阅时间：

附件　售货合同

SALES CONTRACT

合同编号（Contract No.）：
签约时间（Signing Date）：
签约地点（Signing Place）：

卖方（The Seller）：
地址（Address）：
电话（Tel）：　　　　　　　传真（Fax）：

买方（The Buyer）：
地址（Address）：
电话（Tel）：　　　　　　　传真（Fax）：

卖方与买方经协商同意签订本合同，按如下条款由买方购进卖方售出以下商品：
（The Seller agrees to sell and The Buyer agrees to buy the under-mentioned goods on terms and conditions as stipulated below：）

1.

序号 （No.）	商品名称及规格 （Name of Commodity & Specification）	数量/重量 （Quantity/ Weight）	单　价 （Unit Price）	总　价 （Total Price）
合计金额（Total Value）：				

注：允许　%的溢短装。
（Note：overweight or underweight within　% of the total contract weight shall be permitted.）

本合同使用的 FOB、CFR、CIF 等术语，除另有规定外，均遵行国际商会 2000 年制定的《国际贸易术语解释通则》。

（The terms FOB, CFR, CIF etc. in the Contract shall subject to INCOTERMS 2000 provided by the International Chamber of Commerce unless otherwise stipulated herein.）

2. 包装（Packing）：

3. 装运唛头（Shipping Mark）：

4. 保险（Insurance）：

买方应按发票金额的 110% 投保_____险。附加险包括：_____。

（Insurance shall be procured by _____ for 110% of the invoice value against _____. Additional insurance shall include：_____.）

5. 装运港（Port of Shipment）：

6. 目的港（Port of Destination）：

7. 装运期限（Time of Shipment）：

8. 付款条件（Terms of Payment）：

□买方应于装运期前_____天内通过卖方同意的银行开出以卖方为受益人的全额的、保兑的、不可撤销的、无追索的、允许转船和分批装运的、可转让和分割的即期（或_____天远期）信用证，并在装运期后 21 天内保留结汇有效。如卖方因故不能按上述装运期出运，则有关信用证的装运期和有效期将自动延长 15 天。

（□By full amount, confirmed, irrevocable, without recourse, allowing transshipment and partial shipment, transferable and divisible Letter of Credit to be available by sight draft（or at _____days sight draft）to reach The seller _____ days before shipment and to remain valid for negotiation in China until the 21st day after the aforesaid time of shipment. In case shipment is not effected within the specified time of shipment, an automatic extension of 15 days shall be allowed both for the time of shipment and the expiration of the relevant L/C.）

□装运前电汇。

（□By T/T before shipment）

□见票付款交单。

（□By D/P at sight）

9. 装船条件（Terms of Shipment）：

10. 商品检验及索赔（Inspection and Claim）：

（1）双方同意，货物的质量及数量或重量以国家出入境检验检疫局或生产者验证为准。如果买方对所运货物质量有异议，可以在货到目的港 30 天内向卖方提出索赔。如果买方对所运货物数量或重量有异议，可以在货到目的港 15 天内向卖方提出索赔。买方向卖方索赔时，应提供卖方同意的检验机构出具的检验报告。卖方对于由于自然原因或属于保险公司、船公司、其他运输机构或邮局责任造成的损失，不承担任何责任。

（The two parties agree that the inspection on quality & quantity/weight will be based on Inspection Certificate issued by The State Administration For Entry-Exit Inspection And Quarantine Of The People's Republic Of China（SAIQ）or the Manufacturers with their standards. In case of a quality discrepancy, The Buyer, shall within 30 days after arrival of the goods at the port of destination, lodge against The Seller a claim. In case of a quantity/weight discrepancy, The Buyer shall, within 15 days after arrival of the goods at the port of the destination, lodge against The Seller a claim. The claim（s）should be supported by Inspection Certificate issued by a public surveyor approved by The Seller. It is understood that The Seller shall not be liable for any discrepancy of the goods shipped due to natural causes, or causes falling within the responsibilities of the insurance company, shipping company, other transportation organization or post office.）

（2）买方有义务根据需要取得进口许可证，并安排开立信用证并/或按合同要求付款。如果买方不能在合同规定期限内将信用证开到卖方或按合同规定付款或开来的信用证不符合合同规定，且在接到卖方通知后 10 天内仍不能及时办妥修正，则卖方有权撤销合同或延期交货，并有权提出索赔。

The Buyer shall undertake to take the necessary steps to obtain import license if required and to arrange the opening of L/C and/or effect remittances as required in this contract. In case the Letter of Credit or the remittances dose not reach The Seller within the time stipulated in this contract, or the Letter of Credit opened by The Buyer does not correspond to the stipulations of this contract and The Buyer fails to amend thereafter its terms within 10 days after the receipt of notification from The Seller, The Seller shall have the right to terminate the contract or to postpone the delivery of the goods and shall have also the right to lodge a claim for compensation.

11. 不可抗力（Force Majeure）：

（1）合同任何一方因不可抗力事件不能履行合同的全部或部分义务时，不承担任何责任。

（Non-performance by a party is excused if that party proves that the non-performance was due to "Force Majeure".）

（2）本合同所称不可抗力事件是指合同双方在订立合同时不能预见、对其发生和后果不能避免并不能克服的事件，如战争、火灾、地震、政策变化等。

（"Force Majeure" in this contract refers to an impediment beyond control and that it could not reasonably be expected to have taken the impediment into account at the time of the conclusion of the contract or to have avoided or overcome it or its consequences. Such impediment includes war, fire, earthquake and governmental order or regulation, etc.）

（3）遭受不可抗力的一方必须在事故发生时立即电告另一方并在事故发生后 15 天内将事故发生地相关机构出具的事故证明书用航空邮寄另一方为证。

（The party who fails to perform must notify the other party by cable within the shortest possible time of the occurrence of the Force Majeure and within 15 days therein send by registered airmail to the other party a Certificate as evidence issued by the relevant authorities of the place where the accident occurs for confirmation by the other party.）

12. 仲裁（Arbitration）：

一切因本合同而发生的或与本合同有关的争议均应提交北京中国国际经济贸易仲裁委员会，并根据该会的仲裁规则进行仲裁，该仲裁的裁决为终局裁决，对双方均有约束力。

（Any dispute arising from or in connection with this Contract shall be submitted to China International Economic and Trade Arbitration Commission in Beijing for arbitration which shall be conducted in accordance with the Commission's arbitration rules in effect at the time of applying for arbitration. The arbitral award is final and binding upon both parties.）

13. 其他（Miscellaneous）：

如果由买方提供商标和包装设计方案，买方应在装船期前 60 天将经确认的设计样本及其他相关材料的最后确认以快件寄送卖方。如发生违反有关专利、商标法律的情况，由买方承担责任。

（If the trademark and the design for packing are provided by The Buyer, the approved design and final clarification of all relative details shall be sent by express mail to The Seller and reaching The Seller 60 days before the time of shipment. The Buyer will be held responsible for violation, if any, of the laws in regard to patent design and trademark.）

14. 合同效力（Effectiveness of Contract）：

（1）本合同以中文书就正本两份，双方各执一份。本合同自双方代表签字之日起生效。

（This contract shall be written in English with two originals and one copy for each party. This contract shall come into effect immediately after being signed by the representatives of both parties.）

（2）买方应在收到合同书后的 7 个工作日内将其中一份经签署且无任何修改的合同书寄送卖方。

（The Buyer should sign one copy and return it without any modification to The Seller within 7 days after receipt.）

（3）本合同共_____页，双方代表须在每一页上签字。

（There are totally _____ pages in this contract, and signatures of the representatives on behalf of the two parties are required on each page.）

买　方　　　　　　　　　　　　　　　卖　方
（The Seller）　　　　　　　　　　　　（The Buyer）

_____　　　　　　　　　　　　　　_____

注：

在外贸合同中，如卖方以代理人的名义签订外贸合同的，外贸合同中可规定以下内容：

合同前言中应规定"卖方作为_____指定的出口代理人，本合同的一切权利义务均由委托人_____享有或承担"（appointed as export agent of_____, the principal will undertake all rights and duties of the contract.）

合同的末尾签字处应写明"（卖方）on behalf of the seller（国内用户）"，并取得国内用户的授权书，或国内客户在本合同中同时签字。

本合同第 12 条仲裁条款，在签订时应争取注明"本合同一切争议的解决按照中国法。"（All disputes of the contract should be solved according to Chinese law.）

参考文献

1. 仲鑫. 外贸函电 [M]. 北京：北京师范大学出版社，2014.

2. 张平，李学荣，刘秀玲. 国际贸易实务 [M]. 南京：南京大学出版社，2012.

3. 徐薇，李洋. 进出口贸易实务 [M]. 北京：北京理工大学出版社，2012.

4. 杨宏华，尤璞，陈建新. 进出口贸易实务 [M]. 上海：上海财经大学出版社，2011.

5. 刘秀玲. 国际贸易实务 [M]. 北京：对外经济贸易大学出版社，2011.

6. 侯海英. 出口结算单证 [M]. 北京：经济科学出版社，2011.

7. 胡越明. 外贸单证业务 [M]. 杭州：浙江工商大学出版社，2010.

8. 魏巍，罗鹏. 外贸函电 [M]. 大连：大连理工大学出版社，2010.

9. 芮宝娟. 进出口单证实务 [M]. 北京：中国人民大学出版社，2010.

10. 李勤昌. 进出口贸易模拟实验 [M]. 大连：东北财经大学出版社，2008.

11. 黎孝先. 国际贸易实务 [M]. 北京：对外经济贸易出版社，2007.

12. 吴百福，徐晓燕. 进出口贸易实务教程 [M]. 上海：上海人民出版社，2007.

13. 何达华. 进出口贸易计算实务 [M]. 北京：中国商务出版社，2007.

图书在版编目(CIP)数据

国际贸易虚拟仿真实验指导教程/王美英主编. 一成都:西南财经大学出版社,2016.3
ISBN 978 - 7 - 5504 - 2300 - 8

Ⅰ.①国… Ⅱ.①王… Ⅲ.①国际贸易—仿真系统—实验—教材 Ⅳ.①F74 - 33

中国版本图书馆 CIP 数据核字(2016)第 015872 号

国际贸易虚拟仿真实验指导教程

主编:王美英

责任编辑:林 伶
封面设计:杨红鹰 张姗姗
责任印制:封俊川

出版发行	西南财经大学出版社(四川省成都市光华村街55号)
网 址	http://www.bookcj.com
电子邮件	bookcj@foxmail.com
邮政编码	610074
电 话	028 - 87353785 87352368
照 排	四川胜翔数码印务设计有限公司
印 刷	四川森林印务有限责任公司
成品尺寸	185mm × 260mm
印 张	9.75
字 数	215 千字
版 次	2016 年 3 月第 1 版
印 次	2016 年 3 月第 1 次印刷
印 数	1— 2000 册
书 号	ISBN 978 - 7 - 5504 - 2300 - 8
定 价	25.00 元